本书为天津市教委社会科学重大项目
"基于区域创新网络的天津市产业结构
转型升级研究"（课题号：2012ZD023）成果

基于区域创新网络的
天津市产业结构优化与
升级对策研究

彭正银　黄晓芬　马彩凤　等著

JIYU QUYU CHUANGXIN WANGLUO DE
TAINJINSHI CHANYE JIEGOU YOUHUA YU
SHENGJI DUICE YANJIU

中国财经出版传媒集团

经济科学出版社
Economic Science Press

图书在版编目（CIP）数据

基于区域创新网络的天津市产业结构优化与升级对策研究/
彭正银等著 . —北京：经济科学出版社，2017.4
ISBN 978 - 7 - 5141 - 8019 - 0

Ⅰ . ①基…　Ⅱ . ①彭…　Ⅲ . ①产业结构优化 - 研究 - 天津
②产业结构升级 - 研究 - 天津　Ⅳ . ①F127. 21

中国版本图书馆 CIP 数据核字（2017）第 110220 号

责任编辑：王柳松
责任校对：王苗苗
版式设计：齐　杰
责任印制：邱　天

基于区域创新网络的天津市产业结构优化与升级对策研究
彭正银　黄晓芬　马彩凤　等著
经济科学出版社出版、发行　新华书店经销
社址：北京市海淀区阜成路甲 28 号　邮编：100142
总编部电话：010 - 88191217　发行部电话：010 - 88191522
网址：www. esp. com. cn
电子邮件：esp@ esp. com. cn
天猫网店：经济科学出版社旗舰店
网址：http：//jjkxcbs. tmall. com
固安华明印业有限公司印装
710 × 1000　16 开　13. 25 印张　220000 字
2017 年 4 月第 1 版　2017 年 4 月第 1 次印刷
ISBN 978 - 7 - 5141 - 8019 - 0　定价：42. 00 元

前　言

随着目前国内外环境的变化，天津市充分发挥区位、开放等京津冀协同发展的优势，抓住产业转移的机遇，天津市政府对产业发展设定了"123"的发展目标，将天津市发展成为京津冀乃至环渤海区域经济发展的新引擎。

加快推动天津市产业升级，既需要对改革开放以来的实践经验进行总结，查找产业发展中存在的问题，更需要根据天津市经济社会发展所处的阶段特点，加快各产业发展方式的转变。以科学发展、跨越式发展为题，加快各产业内、产业本身、跨产业的升级为主线，抓住京津冀协同发展的重大机遇，充分利用互联网和大数据的环境优势，推动天津市产业向更加协调、更加优化的方向发展，实现区域创新，产业模式向智能化、网络化、服务化转变，增强产业核心竞争力和持续发展的不竭动力。基于此，本书的撰写对天津市经济发展具有一定的理论意义和实践意义。

本书由天津财经大学彭正银、黄晓芬、马彩凤担任主编，参与撰写的人员有天津财经大学张童、吴晓娟、岳雪雪、朱山山、曹田、陈峰、宋妮娜、白晓萌。具体分工加下：彭正银教授负责提出全书的写作构想，设计全书的写作框架。全书共分为七章，第一章由黄晓芬撰写；第二章由黄晓芬、白晓萌、吴晓娟、曹田撰写；第三章由黄晓芬、吴晓娟、曹田、宋妮娜撰写；第四章由黄晓芬、朱山山撰写；第五章由岳雪雪撰写；第六章由马彩凤、曹田、白晓萌、陈峰撰写；第七章由张童、岳雪雪撰写。在撰写过程中，各部分内容，都经过反复讨论和多次修改，并自始至终得到了天津市十二五创新团队——"企业网络组织演化与治理"团队成员的支持与帮助。限于编者的水平，书中难免存在一些不足，敬请读者批评指正。

作者
2016 年 11 月

Contents
目录

第一章

绪　　论

产业结构的优化与升级是国内外学者一直研究的重点问题和热点问题，产业结构的转变与转移是经济增长的必备条件，尤其是随着互联网的发展，各产业在国民经济中的投资比例都有不同程度的变化，同时，各产业对国家 GDP 的贡献程度也有所变化。随着国内外环境的变化，中国各省级政府也对各产业的发展给予不同的支持和扶持。"十二五"时期是天津市产业发展的黄金时期，天津市政府对产业发展设定了"123"的发展目标，以求实现把天津工业打造成中国与世界产业对接的创新平台，全国新型工业化和发展方式转变的示范，京津冀乃至环渤海区域经济发展的新引擎。① 基于此，本书在梳理区域创新网络与产业升级相关理论的基础上，总结分析了天津市产业结构升级与发展中存在的不足和障碍，并提出产业升级的应对策略与升级路径。本章对本书的研究目标、研究意义、内容结构安排与研究的技术路线进行概述性介绍。

第一节　研究背景

关于世界经济发展的大量理论与实证研究表明，产业结构的转变是经济持续增长的必备条件（Kuznets，1966）。② 随着互联网与信息技术的快速发展，各国 GDP 年度增长速度都明显加快。2015 年，中国 GDP 增长速度为 6.9%，其中，全国房地产开发投资同比增长 1%（扣除价格因素实

---

① 天津"十二五"规划纲要全文（2011～2015 年）. 见中国经济网. http：//district. ce. cn/zt/zlk/bg/201206/11/t20120611_23397801. shtml.

② ［美］西蒙·库兹涅茨. 各国的经济增长. 常勋等译，商务印书馆，1999.

际增长 2.8%)、社会消费品零售总额增长 10.7%、工业增加值同比实际增长 5.9%、固定资产投资增长 10%、居民人均可支配收入实际增长 7.4%、民间固定资产投资增长 10.1%。中国和其他国家经济的持续高速增长，主要受益于信息化、工业化、产业转型升级以及开放的经济发展战略。同时，学者们的实证研究也表明，发展中国家经济增长的差异主要源于经济结构转变对劳动生产率的贡献（McMillan，Rodrik，2011）。① 然而，部分国家和地区由于没有成功地实现经济结构的转型升级，陷入了长期的经济增长缓慢或者停滞甚至退缩的局面。

目前，随着互联网尤其是移动互联网的高速发展，社会经济发展中充斥着不断变化的海量信息。以互联网和大数据为基础的支付平台、交易平台和物流平台改变了工业经济中微观主体创造价值和传递价值的逻辑，消费者价值的实现不仅是获取商品和服务，而且参与企业的生产经营，为企业的生产经营建言献策，越过中间零售商实现厂商与消费者的直接对接，产生了 B2C、C2C、O2O 等多样化的运营模式。另外，纯粹实体经济形成的以制造技术、供应链协作效率和互补性资产为核心的刚性企业，在互联网情境下如何生存与发展已经成为企业和政府必须要考虑的问题，因为企业的成功与否不仅涉及企业的生存与发展，还关系到员工的就业问题，甚至会影响社会的稳定。那么，传统产业如何在速度竞争中取胜、如何在变化中赢取价值，就成为学术界与实务界都必须要思考的问题。

《2016 天津政府工作报告》中指出，天津市"十二五"期间，始终不渝地推进科技创新，不断提高产业核心竞争力，经济结构发生实质性变化。天津市的国家自主创新示范区获批建设，"一区二十一园"格局基本形成。推出智能机器人、新能源汽车等一批重大科技专项，开发出"天河一号""曙光星云"等一批国际领先的技术产品，建成中科院工业生物技术研究所等一批创新平台。科技型中小企业蓬勃发展，总量达到 7.2 万家，培育小巨人企业 3400 家，总产值占规模以上工业比重超过 48%。万人发明专利拥有量 12.2 件，全社会研发经费支出占生产总值比重提高到 3%；工业总产值 3 万亿元。超大型航天器、大众变速箱等一批大项目、好项目竣工投产，装备制造业成为首个万亿级产业，建成电子信息、石油化工等 8 个国家新型工业化产业示范基地。"万企转型"升级行动成效明显，1.2 万家企业成功转型。农业结构调整步伐加快，建成高标准设施农

---

① McMillan, Margaret and Dani Rodrik. Globalization. Structural Change and Productivity Growth. Kennedy School of Government. Harvard University, Cambridge, 2011.

业 60 万亩，一批现代农业园区投入运营，粮食生产连年丰收。现代金融、商贸物流、科技研发、文化创意、旅游会展、电子商务等现代服务业迅速壮大，五大院、民园广场等一批商业综合设施建成运营，服务业占全市经济比重超过 50%，"三二一"的产业格局基本形成。①

虽然"十二五"期间天津各产业取得了较好的成绩，但产业转型升级优化过程中依然面临着四大核心问题：第一，在历史变迁方面，天津产业兴衰、要素变迁与创新网络的天然耦合性问题；第二，在核心动力方面，区域创新网络的低端嵌入、组织惰性与合法性锁定问题；第三，在路径选择方面，战略性隔绝机制与制度惰性对产业转型升级路径的选择性影响问题；第四，在网络权变方面，产业转型升级刚性、重工业化的合理性以及区域创新网络的权变性影响问题。简而言之，天津产业转型升级的"超脱""超快""超重"和"超越"问题，将成为本书研究的重点，并通过对区域创新网络作用机理的探索性研究，提出产业转型升级路径选择的对策建议。

基于当今经济社会的大环境以及天津市产业发展的现状，本书引入区域创新网络相关概念，并将之定义为在地理上相互临近的区域内，以制度创新、技术创新和政策创新等为导向，众多利益相关多元化主体所构成的纵横交错的网状组织，这些构成主体包括上下游企业、科研院所、政府以及其他金融机构等。② 本书以区域创新系统理论、网络外部性理论以及产业升级理论等为基础，基于天津市产业升级的现状，研究区域创新网络的运作机理、区域创新网络的外部性对产业升级的影响、借鉴国内外先进的产业结构转型升级的经验，最终探索天津市产业转型升级的路径，并用天津市工业园区、滨海高新技术开发区、通信产业、文化传媒产业等案例加以验证。

第二节 研究目标与意义

一、研究目标

企业集群如何获得并保持持续的创新能力与持续的竞争优势，进而促

① 2016 年天津市政府工作报告 . http：//tj. people. com. cn/n2/2017/0112/c375366 – 29590126. html.

② 曹田 . 基于区域创新网络的产业升级研究 . 天津财经大学硕士学位论文，2014.

进产业转型升级？产业升级的实现要依靠哪些驱动因素，这些驱动因素间存在怎样的互动关系？天津市产业升级的实现，存在哪些升级路径？天津市产业升级过程中，可以借鉴国内外哪些先进的产业结构转型升级的经验？不同升级路径的选择，受哪些因素的制约？制度、信息、技术、资源在升级路径中如何配置？基于以上问题，本书拟从区域创新网络的视角来研究天津市产业转型升级的问题，具体的研究目标主要有以下几点：

（1）重新界定区域创新网络的内涵与构成要素。

根据学者的已有研究，梳理区域创新理论的起源与发展，依托互联网与大数据的宏观环境，重新界定区域创新网络的内涵与特征，根据研究内容确定区域创新网络的构成要素。

（2）明确区域创新网络的环境基础与运作机理。

明确区域创新网络的环境基础：互联网与大数据、经济环境与制度环境；探析其与经济社会系统的关系，在此基础上确定其运作的载体为互联网与大数据形成的交易平台、支付平台与物流平台。

（3）明确区域创新网络在产业升级中的核心作用。

通过对区域产业经济进化的历史性考察以及创新网络演化与集体选择进程、创新网络的功能诱导过程的研究，进一步明晰区域创新网络在天津产业发展变化中的核心作用，借助区域创新网络可以更好地促进信息沟通、促进技术和资源等在地理空间上的扩散，推动产业之间开展有效合作，降低企业间的交易成本，增强天津产业群体的竞争力。

（4）明晰创新网络外部性对产业升级驱动的中介调节效应。

通过对区域创新网络负载要素流变与产业发展驱动力之间关系的分析，明晰创新网络外部性对产业驱动的中介调节效应，以及开展组织变异与驱动实践非一致性方面的研究。深入探讨组织惰性、合法性机制等动力机制与天津产业转型升级之间的关系。

（5）完善天津市产业结构转型升级机制。

通过对产业结构转型升级路径和天津市重点产业转型升级模式的比较分析，借鉴国内外产业结构转型升级的先进经验，进行制度设计和修正，完善天津市产业结构转型升级机制。

（6）提出天津市产业结构协调发展运行的具体政策建议。

通过对区域创新网络及产业升级相关理论的总结与分析，探索天津市产业升级的路径，并用天津市相关产业进行案例验证。通过本书的研究，提出针对天津市产业转型升级路径选择的具体对策建议。希望本书的研究对天津市产业转型升级具有一定的借鉴作用。

■ 二、研究意义

(一) 研究的理论意义

综观目前相关理论研究，基本上是将区域创新与区域产业结构升级联系起来，或者是将区域创新网络与区域产业结构升级作为两个独立的主题进行研究。而本书是从创新网络的视角，将区域创新网络与产业结构转型升级相结合，以网络外部性为研究的切入点，深入探析区域创新网络的运作机理，从深层次解析区域创新网络演进的动因与规律；通过区域创新网络的"极化、结网与溢出"实现"非线性成长"过程，探讨构建区域竞争优势的关键因素；从核心要素流变与产业迁移的逻辑性关系、网络创造性建构与非轨道创新的生产要素互择与转移，阐释区域创新网络运作的内在机理。这有助于丰富区域创新网络的相关理论，对区域创新网络理论的内涵是有力的补充。

(二) 研究的现实意义

基于区域创新网络外部性作用的探索性分析，探讨驱动产业转型升级的内核。通过对区域创新网络负载要素流变与驱动压力、制约因素以及组织的横向联结、外部性对产业驱动的中介调节效应等的研究，为天津市区域创新网络的发展和产业结构的转型升级提供理论指导。

企业既是区域自主创新的主体，又是实现产业升级的微观基础和决定力量，本书将组织联结网络作为推动产业结构转型升级的微观基础，着力培育区域创新主体，打牢区域产业结构优化的基础。同时，还要充分发挥地方政府的主导作用，并且将"主体"与"主导"有机地结合起来。

第一，本书提出相关的政策建议，就区域中跨组织联结网络主体、政府主导作用的发挥结合天津市产业升级的案例，并研究其他地区产业升级的若干实践经验，为天津市产业升级路径选择提供借鉴。基于此，本书进一步提出要整合各种资源、协调各网络主体之间的关系，构建新型区域，推动区域经济持续快速增长。

第二，通过分析区域创新网络框架下产业结构的相关理论、区域创新网络外部性下的横向组织联结，探索区域创新网络外部性下，产业结构转型调整与约束的要素，结合对本市的产业结构现状与典型产业发展案例的分析，借鉴国内外产业结构优化升级的经验，阐明天津市产业结构转型升级的路径，并通过对天津市典型产业发展案例的解析，总结出天津市产业结构转型升级的基本模式，为推动天津市产业结构的协调发展提供可供选择的操作方案。

第三节　内容与结构安排

一、本书的结构

总体而言，本书基于国内外学者的研究成果，按照区域创新网络、产业结构转型升级、网络外部性等相关理论的观点，以现实问题为导向，结合相关的经济管理理论进行分析，最后，将理论研究与天津市相关产业案例、国内外先进的产业升级经验相结合，探索区域创新网络下天津市产业升级路径与政策建议。本书的结构安排，如图1.1所示。

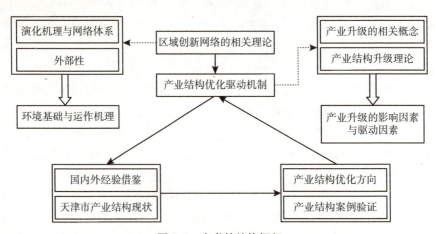

图1.1　本书的结构框架

■ 二、本书的内容安排

按照图 1.1 所示的研究结构，本书共分为 7 章，各章的内容安排如下：

➤ 第一章 绪论。

阐述本书的研究背景、研究目标与意义、内容与结构安排、研究方法与技术路线。

➤ 第二章 区域创新网络的相关理论。

目前，国内外学者关于创新网络的研究较多，本章根据全书研究的需要，主要介绍了六方面的内容：第一，梳理了创新理论的起源与发展；第二，概述了区域创新网络的理论基础；第三，论述了区域创新网络的内涵、特征与演化机理；第四，总结了区域创新网络的网络体系；第五，论证了区域创新网络的联结机制；第六，论证了区域创新网络的运行机制。

➤ 第三章 区域创新网络对产业升级的驱动作用。

本章包括五部分内容，第一，根据学者的相关研究，概述了产业升级的相关概念界定；第二，总结了产业结构升级的路径理论，包括经济增长的效率驱动论、经济增长阶段与产业结构适应论、投资与产业结构理论；第三，论证了产业升级的影响因素；第四，探索了区域创新网络对产业升级的驱动因素；第五，论证了区域创新网络外部性与产业结构优化的关系。

➤ 第四章 天津市产业结构的现状、问题及优化方向。

本章主要包括三部分内容：第一，概述了天津市近十年以来各产业生产总值情况、分析了天津市区域产业结构发展现状、天津市产业结构存在的主要问题；第二，介绍天津市支柱产业的发展状况；第三，探索天津市产业结构优化的方向，包括互联网与大数据给传统企业带来的机遇、积极推动新型产业的发展、实现制造业与服务业的深度融合、加快构建创新型城市等。

➤ 第五章 国内外产业结构升级的经验及启示。

本章主要介绍了四部分内容：第一，德国巴登—符腾堡地区产业结构优化转型与升级发展经验。第二，美国"硅谷"地区产业结构优化转型与升级的发展经验。第三，日本筑波科学城产业结构优化转型与升级的发展经验。第四，北京市中关村地区产业结构优化转型与升级的发展经验。

➤ 第六章 天津市产业结构优化升级的案例。

本章主要通过调研，对天津市工业园区、天津市滨海高新技术产业开发区和文化传媒等行业产业升级的案例进行探讨。

➤ 第七章 天津市产业结构转型升级的对策建议。

本章通过对企业转型和升级的路径梳理，提出了适合天津市产业转型升级的实施路径以及相关对策建议。具体包括四方面的内容：第一，产业转型升级的基本路径。第二，产业转型升级的具体路径。第三，天津市产业转型升级的对策研究建议。

第四节 研究方法与技术路线

一、研究方法

本书立足于天津市是一个以制造业为支柱产业的城市，在区域创新网络迅速发展的前提下，更加注重区域创新网络对产业结构转型升级的机制研究。本书从区域创新网络的运作机理、产业结构优化的环境基础与约束因素、区域创新网络外部性以及天津市产业结构发展现状的角度，探析天津市产业结构优化升级的路径与政策建议。

（1）跨案例分析。

本书在各章的研究中，选择多个具体产业进行跨案例比较研究，采用文件资料收集、访谈和现场观察方法收集数据，结合网络资料等二手资料，力图发现产业或地区在发展过程中的经验与存在的问题。

（2）调查研究方法。

为深入了解区域创新网络与产业结构转型升级的联系，需要对区域创新网络发展迅速的重点产业做深入的研究和分析。本书将采用问卷调查的方法，对属于重点产业的各类企业、业内专家以及相关政府部门发放问卷，收集信息和数据，采用内容分析、问卷数据统计分析等方法处理数据，得出区域创新网络对产业结构转型升级的基本认识。

（3）路径分析。

本书将通过对历史数据的考察，筛选出影响天津市产业结构升级的关键要素和影响变量，并结合各产业的区域性特点和网络结构属性，利用社会网络分析和结构方程等方法，进行产业进化路径的实证检验。

（4）实证分析。

通过天津市部分产业的调研，对调研数据进行分析，探析天津市产业结构优化升级的优化要素以及产业结构调整优化的方向。

二、研究技术路线

本书的技术路线，如图1.2所示。

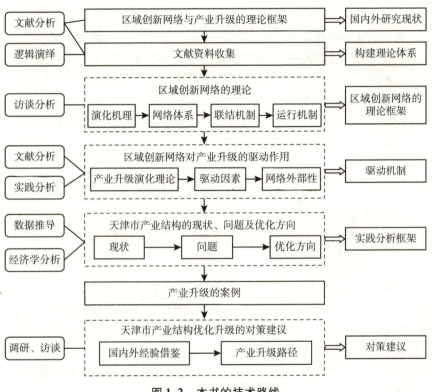

图1.2 本书的技术路线

第二章

区域创新网络的相关理论

在全球化和新技术革命的条件下，各国、各地区的经济增长和产业发展正面临着更加严峻的挑战。在目前大数据和互联网高速发展的条件下，区域创新也被赋予了新的内涵，同时，也丰富了区域创新研究的内容和范围。本章在总结创新理论起源、发展的基础上，分析了区域创新网络的内涵、特征、演化理论，并总结了区域创新网络的网络体系、联结机制等内容。

第一节 区域创新网络的理论基础[①]

一、国家创新系统理论

英国学者弗里曼（Freeman，1987）首次提出了国家创新系统（national innovation system，NIS）这一概念，他认为"国家创新系统是由正式部门和非正式部门中的所有相关机构所组成的网络，这些机构组织通过日常活动和它们之间的交互关系促进了旧技术的改进和新技术的引入与研发"。1987年，弗里曼在考察日本时对其经济和科学技术快速发展的原因进行了考察，弗里曼发现日本能在技术落后的情况下，在短时间内实现经济快速发展，成为工业化大国，这些巨大成就的取得得益于国家创新系统（NIS）作用的发挥。[②] 弗里曼对日本国家创新系统的特点进行了概括，分

---

① 白晓萌. 区域创新网络的运作机制研究. 天津财经大学硕士学位论文，2014.

② Freeman C. Technology Policy and Economic Performance：Lessons from Japan. London：Pinter，1987：1 – 124.

为以下四点：（1）充分重视和发挥政府的作用；（2）把企业作为国家创新系统的核心；（3）对教育和培训给予高度重视；（4）具有特色的创新社会制度。[①]

从国家创新系统的视角出发，弗里曼对美国和英国等经济强国的兴衰更迭进行了研究。研究发现，在人类社会发展过程中，技术强国是从英国到德国和美国，再到日本的过程。这种技术的更迭不仅是技术创新的结果，还包括体制的创新，是一个国家创新系统演变的过程。当技术落后的国家想要实现赶超时，不能仅靠市场的作用，还要依靠国家政府"看得见的手"的作用。弗里曼提出，要想实现国家技术创新的飞跃，就必须强化区域创新与国家创新过程中政府的作用。在弗里曼的观点提出之后，以美国经济学家理查德·尼尔森（Richard Nelson，1993）和波特（Porter，1994）为代表的国内外学者和组织运用了不同方法，从不同的角度对国家创新系统进行了研究，取得了不同的研究成果。[②]

目前，国内外学者根据自己的理解对国家创新系统（NIS）进行定义和解释，没有形成统一的概念，缺乏定量研究和具体区域的支撑。但对于一些基本观点已达成共识：（1）国家创新系统中的创新活动不是单独进行的，它是通过各个相关主体密切合作进行的；（2）在国家创新系统内部，政府、企业、高校、科研机构、中介机构和金融机构形成了一个有机整体，通过它们之间的相互作用来进行创新活动；（3）国家创新系统的顺畅运作，有利于提升国家的创新能力；（4）国家创新系统中的各个相关主体通过资源共享和交互学习来实现创新行为，交互学习是国家创新系统得以存在和发展的保障。

■ 二、区域创新系统理论

区域创新系统（regional innovation system，RIS）的研究，是在国家创新系统研究的基础之上展开的。库克和摩根（Cooke，Morgan，1990）对区域创新系统的概念进行了总结，区域创新系统是指在一定的地理范围内，经常地、密切地与区域内企业的创新投入相互作用的创新。[③] 库克

---

① G. 多西等. 技术进步与经济理论. 钟学义等译. 经济科学出版社，1992：403.

② [美] 理查德·R. 尼尔森著. 国家（地区）创新体系比较分析. 刘小玲等译. 知识产权出版社，2012.

③ Cooke，Schientock. Structural Competitiveness and Learning regions. Enterprise and Innovation Management Studies，2000，1（3）.

（Cooke，2000）等通过研究发现，任何区域创新系统想要充分发挥作用，必须具备两个子系统，一个是促进知识获取和使用的子系统，主要是由那些具有垂直的供应链网络的公司组成；另一个是促进知识产生扩散的子系统，主要是依靠一些公共组织来发挥自身的作用。① 他认为，区域创新系统由五个元素组成：（1）区域，这是一个行政单位，同一区域内的企业具有一定的历史和文化的同质性和嵌入性；（2）创新；（3）网络，该网络可以理解为一种由于互利关系的存在，通过建立合作或签订合同所形成的关系；（4）学习，包括对进行创新所需的知识等资源的学习过程；（5）相互作用，企业或组织间通过正式的联系或非正式的联系进行合作，发生作用。

20 世纪 90 年代，中国学者开始对区域创新系统进行研究。王辑慈（1992）对区域创新系统的基本理论及其概念进行了解释和评价。② 之后，王辑慈（2001）进一步对企业集群化发展过程中区域创新系统所起的作用进行了说明，并对区域创新系统与区域经济发展二者之间的关系进行了解释。③ 高新才和聂华林（1999）提出，中国市场基本要素匮乏，在经济欠发达地区资金短缺的情况下想要实现发展，应打破常规引入资本，进行资本整合，大胆进行创新活动，展开合作竞争。④

区域创新系统对于国家政策的制定具有一定的指导作用。自 20 世纪 90 年代以来，区域创新系统作为一项重要的政策工具，在发达国家取得了突出的成绩，通过系统地改进区域内的学习方法，优化学习过程，许多国家和地区形成了创新型经济。在区域创新系统中，各主体间的关系紧密度不断增强，专业核心资源的地方比较优势的形成速度不断加快，对于提高公司的创新效率和本地区的整体竞争力具有重要意义。

三、交易成本理论

交易成本理论，有助于解释区域创新网络理论研究中网络内部的创新主体交易成本减少这一现象。交易成本理论（transaction cost theory）是新

---

① Cooke P. , Boekholt P. & Todtling F. The Governance of Innovation in Europe. London：Pinter，2000：21.
② 王辑慈. 别树一帜的国家竞争优势理论. 管理世界，1992（1）：219 – 220.
③ 王缉慈等. 创新的空间——企业集群与区域发展. 北京大学出版社，2001：117 – 125.
④ 聂华林，高新才. 欠发达地区区域经济发展的产业扩张与区域突破. 甘肃社会科学，1999（6）：15 – 16.

制度经济学的一个分支，康芒斯（Commons，1934）最早对交易进行了明确的界定和分类。他认为所有发生的经济关系的本质都是交易，可以把交易看作人类经济活动的基本单位。然而，康芒斯并没有认识到任何交易行为都是要付出成本这一代价的。① 科斯（Coase，1937）在接受康芒斯的交易理论的基础上，对新古典经济学进行了反思，他指出"交易"是要付出成本的，由此提出了"交易成本"这一概念。科斯（Coase，1960）明确提出了交易成本的概念，他认为成本存在于所有的市场交易活动中，企业之所以能代替市场发挥作用是因为企业可以减少在市场中转包某些投入的成本。②

在科斯（Coase）研究的基础上，威廉姆森（Williamson，1985）对交易成本理论进行了更为深入的研究，他将交易划分为交易的不确定性、资产专用性程度和交易发生频率三个维度。通过对交易的三重维度的分析，威廉姆森（Williamson，1991）发现，混合组织形态是一种存在于企业与市场之间的特别形态，相应的治理模式也是一种混合治理模式。威廉姆森（Williamson，1991）认为，在对交易成本经济学的研究过程中，对资产专用性的研究应占最大比重，扮演核心角色。威廉姆森（1991）以资产专用性为基础，提出了三种治理模式。当资产专用性程度较低时，市场相对于另外两种治理模式在资源配置方面成本更低，这时应选择市场自发调节的治理形式；随着资产专用性程度的提高，市场治理的失效程度会增大，同时混合治理和科层治理的有效程度在不断升高，即市场治理的边际成本在上升，混合治理和科层治理的边际成本在减小。随着治理的边际成本的变化，市场治理模式将依次被混合治理模式和科层治理模式所取代。③④⑤

由于经济全球化的加深和知识经济时代的来临，技术创新的复杂性在不断提高，就会使交易双方信息不对称的程度加大，使交易的不确定性升高，从而导致交易费用的升高。在这种情况下，原有的市场和科层这两种治理模式就会失效，而威廉姆森（Williamson，1985）所提出的混合治理模式即网络治理模式就成为了有效的治理方式，这种治理方式介于市场和

① Commons J. R. 著．制度经济学．于树生译．商务印书馆，1962.
② Coase R. H. The problem of social cost. Journal of Law and Economics, 1960（3）：1－44.
③ Williamson O. E. Comparative Economic Organization：The analysis of discrete structure Administrative Science Quarterly, 1991, 36（2）：269－296.
④ ［美］奥利弗·威廉姆森，斯科特·马斯滕编．交易成本经济学经典名篇选读：经典名篇选读．李自杰，蔡铭等译．人民出版社，2008.
⑤ ［美］奥利弗·E. 威廉姆森著．治理机制．石烁译．机械工业出版社，2016.

科层治理之间，可以克服那些由市场失灵所导致的问题，为公司最大限度地降低交易成本。[①]

区域创新网络恰好符合网络治理模式的要求，网络内部的企业通过合作，可以把那些由于知识、技术和人才等核心资源的稀缺性所引起的问题和高额的运作成本在内部消化，为企业的创新活动提供更加宽松的环境。

■ 四、产业集群理论

区域创新网络是产业集群的高级形态。集群作为一种经济现象先出现在西方，因此西方学者最早对其进行了研究。亚当·斯密（Adam Smith，1776）最早对集群进行了研究，他对分工和市场范围二者之间的关系进行了探讨，是对集群产生原因的最早解释。[②]

马歇尔（Marshall，1890）沿袭并发展了亚当·斯密（Adam Smith）对劳动分工的研究，首次系统地研究产业集群现象，他从新古典经济学的角度对工业组织进行了研究，研究发现对外部规模经济的追求是企业集聚的原因。他认为，规模经济分为两大类：（1）产业规模，专业的地区性集中和产业规模有很大关系，产业规模又被称为外部规模经济；（2）这类经济规模受从事生产的某个企业的资源及其管理效率等因素影响，被称为内部规模经济。马歇尔（Marshall）发现，外部经济是指一些企业通过发挥和运用地理临近性这一优势实现规模经济，有助于企业降低自身的生产成本和运作成本，有利于那些无法实现内部规模经济的企业通过外部合作来实现外部规模经济。这一研究发现使马歇尔认识到，外部规模经济和产业集群之间具有密切的联系，他认为外部规模经济是产业集群出现的原因。马歇尔指出，企业通过形成集群可以实现资源共享并获得企业所需的信息、知识、技术和人才等资源，可以提升自身的创新能力。丰富的创新资源有利于促进企业的创新，企业的创新又会促进产业集聚区内部经济的持续增长，营造出协同创新的环境，鼓励相关产业其他企业的进入。产业集群可以被视作一个资源平台，在此平台上有企业所需的各种资源，企业通过对资源的利用可以提升自身的创新能力，实现快速发展；同时，由于资

① ［美］奥利弗·E. 威廉姆森著. 治理机制. 石烁译. 机械工业出版社，2016.
② ［英］亚当·斯密（Adam Smith）著. 国富论. 郭大力，王亚南译. 译林出版社，2011.

源的丰富性和获取的简便性，使企业可以更低的成本实现生产。①②

　　韦伯（Weber）是世界上较早完整地提出工业区位理论的学者，他从企业微观的区位选择视角出发，主要研究了企业间的临近是否受集聚的收益与成本之比的影响，研究发现工人的薪水和企业的运输成本对于工业区位的选择有很大影响。韦伯（1909）对工业在一定地区集中的原因进行了分析，他认为工业在一定地区集中的原因分为特殊原因和一般原因两类。同时，在韦伯看来，产业集群的发展分为两个阶段：第一阶段是通过自身的扩张实现企业集聚的优势，这是低级阶段；第二阶段是一些大企业通过自身优势吸引其他企业的出现或者进入某一领域，这是高级阶段。

　　20世纪80年代以来，国内外学术界空前地重视新的产业集聚原理对于经济发展的作用。波特（Porter，1990）以对国家竞争优势的研究为基础，从组织变革、价值链、经济效率和柔性方面所创造的竞争优势角度出发，对产业集群的形成机理和价值重新进行了研究，并赋予产业集群理论更重大的意义。他还对产业集群在不同国家对其竞争力的影响进行了比较研究，研究发现国家竞争力的高低决定于国家能否为企业提供一个良好的发展环境和竞争环境，并提出了"钻石模型"。通过对模型的分析，波特指出国家之间的竞争主要是产业集群上的竞争，地理上的邻近性会为集群内部的企业带来压力。企业为了不被淘汰，就会不断提升自身的创新能力和竞争力，企业自身竞争力的提升也提高了其所在产业集群的竞争力，其他产业集群为了不被淘汰，也将增强自身竞争力，从而形成一个良性的竞争环境，推动国家竞争力的提升。从波特的理论可以得出，一个国家要想快速发展，实现对他国的超越，就必须在国内培养并发展一批具有强大竞争力的产业集群。③

第二节　区域创新网络的内涵、特征与演化机理④⑤

　　随着知识经济的发展，出现了区域的崛起和区域经济的个性化（王德

---

①　[英] 阿尔弗雷德·马歇尔著. 经济学原理. 宇琦译，湖南文艺出版社，2012.
②　Marshall A. Principle of Economics (2nd). London：Macmillan，1891.
③　[美] 迈克尔·波特著. 国家竞争优势. 李明轩 邱如美译，中信出版社，2012.
④　白晓萌. 区域创新网络的运作机制研究. 天津财经大学硕士学位论文，2014.
⑤　曹田. 基于区域创新网络的产业升级研究. 天津财经大学硕士学位论文，2014.

禄，张丰超，2000）。① 资源主导型经济转变为创新主导型经济，区域经济的崛起与否取决于区域创新，而不是传统资源要素的多少。区域创新网络是由区域内各相关主体之间的互动联系而实现的网络化创新，它的形成是一种自发的过程，而不是政府强迫意愿的表达，不能随意构建。

一、区域创新网络的概念

20 世纪 80 年代末，区域创新网络的完整概念才被提出，但由于不同学者的研究角度和方法有所不同，因此对区域创新网络的定义也有所不同。萨贝尔和皮奥里（Sabel，Piore，1984）指出，无论是在提高资源配置效率还是企业创新能力方面，区域创新网络都发挥了重要的作用。② 萨克森宁（Saxenian，1991）从社会网络和创新共享文化的视角出发，对网络在美国"硅谷"的成立和发展繁荣过程中所起到的作用进行了研究，研究结果发现，在"硅谷"中的各种规模的创新主体（例如，企业和大学等）所构成的区域创新网络是其成功的关键。③ 萨克森宁认为，这类区域创新网络包括三部分内容：人际关系网络、社会关系网络和产业合作网络，同时他认为社会关系网络和人际关系网络具有极高的重要性，该观点得到了学者的普遍认可。欧洲创新研究小组（GREMI）的卡麦基尼（Camagini，1991）等主要成员阐述了在区域发展过程中，企业与外部网络的交互作用有利于提高其自身的创新能力，推动企业发展，同时也对区域经济的发展起到推动作用。④ 迈克尔等（Michael et al.，2005）认为，网络中各节点通过不明确的合作关系来寻找自身潜在的合作对象，网络内部研究机构的作用就是促进新知识的产生、扩散和向实际生产力的转换。⑤

20 世纪末，中国学者才开始对区域创新网络进行研究，并取得了一定成果。王缉慈（2001）以美国"硅谷"、中国广东东莞等的个人计算机产业网络为例对信息技术产业全球生产网络和本地生产网络之间的关系进行了分析研究，进而对全球生产网络中知识的共享、扩散、积累和创新过

---

① 王德禄，张丰超. 关于区域创新问题的若干思考. 经济研究参考，2000，49：7 – 23.

② Piore M. J. , Sabel C. F. The second industrial divides. New York：Basic Books, 1984.

③ Saxenian A. The origins and dynamics of production networks in Silicon Valley. Research Policy, 1991, 20 (5)：423 – 437.

④ R. Camagini. Innovation Network：Spatial Perspectives. London：Belhaven Press, 1991.

⑤ Michael Fritsch, Martina Kauffeld – Monz. The impact of network structure on knowledge transfer：an application of social network analysis in the context of regional innovation networks. Annual Report Science, 2010 (44)：21 – 38.

程进行了阐述，提出了区域经济发展的新方法、新思路。王辑慈认为，区域创新网络是指地方利益相关主体通过正式联系或非正式的联系所形成的长期合作交流关系，并且指出增强区域竞争能力和综合国力的关键措施就是要培养具有地方特色的企业集群。罗利元（1999）以中关村为背景，通过对其内部的区域创新网络的研究，罗利元把区域创新网络定义为"在一定的地理空间内，多元主体间通过资源的流动，以实现创新为目的的创新系统"。张玉明和刘德胜（2009）认为，区域创新网络同时具有资源配置能力和创新能力，是介于企业和市场间的一种组织形态。[①]

通过国内外的研究发现，虽然在区域发展过程中区域创新网络的重要性得到普遍认可，但学者们对于区域创新网络的研究尚处于起步阶段，在概念界定上尚未达成共识。国内外学者大致从三个维度对区域创新网络进行定义，三个维度分别是系统性创新的基本制度安排、创新主体赖以创新的有效载体和创新主体相互依存的集体学习环境，从三个维度分别揭示了创新的路径——系统性创新、创新活动的载体——区域网络和创新的动力源泉——互动学习。笔者认为，区域创新网络作为产业集群和区域经济发展的高级形态，是指在一定的地理空间范围内，在长期正式或非正式合作与交流的基础上，各行为主体（包括企业、大学、科研机构、金融机构、中介机构、地方政府等组织及个人）在区域社会资本（知识、信息、技术等）的基础上形成的以平等身份为前提、以集体交互学习为主要方式、以增强主体创新能力和区域创新能力为主要目标的关系网络系统。

■ 二、区域创新网络的特征

（一）系统性和自组织性

区域创新网络内部各行为主体通过相互作用实现创新和发展的过程，是整体系统作用的结果。在区域创新网络中所发生的产品或技术的创新，不仅使得创新主体自身受益，同时通过网络内部各企业间的学习和传播，使得创新知识和技术得以扩散，从而促进网络内部知识和技术等资源的不断积累，为新的创新活动做准备。区域创新网络的系统性，表现在区域创新网络的整体性和层次性两个方面。区域创新网络是由一系列创新相关主

---

① 张玉明，刘德胜. 中小型科技企业成长的外部环境因素模型研究. 山东大学学报（哲学社会科学版），2009（3）：45–51.

体构成的系统，各主体间的联系程度和相互作用程度的高低直接影响网络功能的强弱，而网络功能在更大程度上表现为其自身的整体创新性。不同的区域创新网络之间，也会通过发生相互作用形成更高等级的区域创新网络。在高等级的区域创新网络中，其内部的区域创新网络可以视为子系统或要素，各区域的高等级区域创新网络又会通过相互作用形成全球性的系统。通过要素—系统—高级系统—全球性系统的演变过程，可以看出区域创新网络具有明显的层次性。

区域创新网络是一个开放性系统，通过系统内外发生相互作用。当网络内部的主体偏离了系统运行的稳定状态时，这种偏离状态就会放大，这时系统就会发生作用使其回到稳态。区域创新网络的自组织过程是一个随时间变化的动态过程，在这个过程中，网络从一个均匀、简单的平衡状态转化为一个有序、复杂的稳定状态（蒋同明，刘士庆，2011）。区域创新网络的自组织性能保证其从无序到有序，从低级到高级的不断发展。

（二）主体多元化和网络互动性

区域创新网络的主体要素是指，在区域中参与创新活动的相关主体。创新是网络内部的异质相关主体间频繁大量相互作用的结果，主体间相互作用的效果在很大程度上影响着创新活动的进行。区域创新网络的创新主体分为四类：企业—技术创新，大学和科研机构—知识创新，政府—制度创新，服务机构—服务创新。技术创新活动主要是在企业内发生，大学和科研机构主要负责创新活动中知识的供给，同时，大学和科研机构作为知识创新的主体也参与到创新活动中；政府在创新过程中，通过营造创新氛围、培养创新主体、建设创新基础设施和一系列相关政策的实施，为创新活动提供了必要的支撑和良好的发展空间；金融、企业联盟、商会和保险等服务机构，在区域创新网络中同样发挥着重要作用。

网络互动性是指，区域创新网络内的相关创新主体、创新资源和创新要素之间的合作交流，并通过创新主体与资源要素的互动沟通来实现网络的知识创新、技术创新和制度创新等目标。

（三）动态开放性与创新二重性

区域创新网络同时具有动态性和开放性，没有动态的开放是僵化的开放，没有开放的动态不是真正的动态。区域创新网络动态性与开放性是统一的，不可分离的。区域创新网络的动态性，表现在它不断进行的"创造性破坏"过程中，由于网络所处的外部的经济环境、技术环境和制度环境总是处在不断变化的过程中，从而导致网络内部的各相关主体之间的联系也在不断发生变化，网络内部流通的知识、技术和信息等创新资源也在不断更新，可以说网络的形成和发展过程就是动态变化的。同时，在区域创新网络的发展过程中始终伴随着新成员的出现和成长、老成员的衰落与退出，这也是其动态性的又一表现形式。区域创新网络的动态性，在整体层面上表现为网络边界的扩张与收缩。当外部某一节点能为网络创新活动作出贡献时，网络就会把它吸纳进来，网络边界就会扩张；当内部某一节点不能再为网络作出贡献或者对网络有害时，网络就会把它排除出去，这时边界就会收缩。正是网络的这一新陈代谢过程，才能使它保持活力。在实际中，区域创新网络的开放性才是它的生命力所在，网络内部的企业通过从外部获得知识、技术等资源来维持和提升自身的创新能力，这就使其避免了技术落后、成本升高的窘境。而且，网络内部各相关主体间的联结也不局限在网络内部，它们渴望也努力与外部企业进行合作，不断寻找合作伙伴。通过合作就实现了不同网络间的对接，实现了网络间和企业间知识、劳动力、信息、技术等资源的流通交换，实现了资源互补，开辟外部市场。不同区域创新网络间的资源和市场的优化配置过程，是其开放性的集中体现。

创新的二重性就是指，区域创新网络在市场层面的创新和政府层面的制度创新，二者是相互促进的（吴敬琏，1999）。在区域创新网络的运作过程中，市场对创新资源进行了优化配置，不断激励创新主体，促进了创新要素的流通，并且加快了创新成果的转化过程，此时市场起到了主导作用。同时，政府在创新过程中除了通过营造创新氛围、培养创新主体、建设创新基础设施和一系列相关政策的实施为创新活动提供支持外，也进行了必要的金融制度等的创新，以此来促进创新资源流通，为实现技术创新带动产业创新这一目标而努力。

（四）资源扩散性与内生根植性

区域创新网络的资源扩散性是指，技术、知识、信息等资源在网络中沿着关系链条不断流动的过程。区域创新网络的框架，由节点和关系链条两个要素构成。由大学、企业、政府等节点所构成的网络的最终目的，是通过网络内部创新资源的流动来提高自身和网络整体的创新能力。网络中各相关主体通过正式的联系或非正式的联系所结成的有形的关系或无形的关系就是关系链条，关系链条的功能就是为网络中创新资源的流通提供渠道，实现创新资源的流通。区域创新网络内部的要素及其结构使其具有扩散性，保证了创新资源在网络内部的有序流动。同时，区域创新网络的支持环境也为其内部资源的扩散提供了重要的物质保障和制度保障，通过这些保障，网络内部的主体间通过知识的流通和扩散相互学习和提高，并在学习过程中提升和整合知识、技术和信息等资源，为创新活动提供资源保证。区域创新网络的扩散性不仅表现在网络内部，还表现在网络之间，不同网络之间的创新资源通过扩散实现了网络间的互动交流，促进了更大范围内的区域创新网络的形成。

区域创新网络所联结的是在地理、社会和文化等方面临近的相关主体，使得它具有明显的社会根植性。区域创新网络的社会根植性可以理解为它对特定的区域环境关系（例如，习俗，社会和历史文化，隐性知识，价值观等）的依赖性（Granovettor，1985；① 王缉慈，2001；盖文启，2002）。在社会根植性的定义下，网络内部各创新主体间的关系在很大程度上受信任机制和社会资本的影响。

三、区域创新网络形成的演化机理

每条价值链包括多个增值环节，设备供应、研究开发、试生产、生产、营销、售后等。一个企业若想自己经营从研发到售后的所有环节，要具有充裕的资金实力和突出的生存应变能力。随着技术的不断进步和复杂化，社会分工越来越精细，很少有企业可以经营整条价值链上的所有环节。于是，许多企业转而经营价值链的某些增值环节，如研发、销售等。随着分工的细化，产业链的增值环节逐渐增多，每个增值环节都会有一家企业或几家企业专门从事该项工作，他们一般都拥有核心技术和竞争优势。如现在的电脑，消费者不再购买整机，而是选择美国英特尔的芯片、韩国的显示器和中国的硬盘。随着技术的复杂化和分工的精细，许多企业便从原来的价值链分离出来，因此，市场上出现了许多专门从事某个增值环节的专业化企业。这种专业化企业面对巨大的细分市场，可以选择加入特定产业或相似产业的价值链，与多条价值链发生关系，因

---

① Granovetter M. S. Economic action and social structure: the problem of embeddedness. American Journal of Sociology, 1985 (91 – 3): 481 – 510.

此，企业便成为价值链之间的节点，多条价值链形成网状结构，经过一段时间的市场发育，便逐渐形成了基于同一产业或相关产业的创新网络。这种网络的形成是一个市场化调整的过程，政府的刻意推动或者阻碍都是无效的，它的形成需要一个漫长的时间，但是，成型后的区域创新网络一般可以持续兴盛一段时间（陈丹宇，2007；高勇等，2006；厉无畏，王玉梅，2001）。

（一）区域创新网络的演化路径分析

通过以上对区域创新网络的界定，可知这种形式的网络结构广泛地存在于各个企业集聚区，小到某一个地方园区，大到整个产业区，创新网络无处不在。区域创新网络不是一蹴而就的，其形成、发展、成熟是各个网络节点共同作用和演化的结果（Cooke，2007）。本书结合马歇尔（Marshall，1920）、韦伯（Weber，1929）等关于产业区位的理论，借鉴马库森（Markusen，1996）对产业区的划分方式，讨论区域创新网络的演化。

区域创新网络是存在于产业区内部的一种网络结构或多种网状结构，产业的区域集聚是其外在表现形式，而创新网络即为其内在的具体结构，内部网络的发展与演化在外在形式上表现为产业区的进化。地域性以及差异化网络构成使得区域网络有着不同状态，产业区的具体形式可以划分为九类，将九类产业可具体化为马歇尔式产业区、卫星平台产业区、轮轴产业区、高级卫星平台产业区、高技术产业区等五大产业区（Krugman，Markusen，1996）。

1. 马歇尔式产业区（marshallian district）

该类产业区的主要特点是，产业区内的构成主体是中小企业，无论是上游的供应商还是下游的零售商、客户等，企业规模都较小。这一类型网络结构根植性较强，区域网络内各企业的技术水平相当，谁都不具有能称之为核心的技术能力，创新在这类网络中非常少见。因此，区域内各主体企业间的合作非常密切，同时区域内的其他附属机构（如政府、银行等）对区域网络的发展起保护作用和促进作用。这种类型的区域网络常见于浙江省温州市一带。

2. 卫星平台产业区（satellite platform district）

第二类为卫星平台产业区。该类产业区的主要特点是，区内企业规模较大，一般为大型跨国公司设的工厂、装配车间或者主营出口加工业务的大型企业。他们构成的网络组织较为松散，区域内部企业之间的联系较少，而与区域外或者非本地企业的联系较多。由于区域内的企业主要负责加工、装配等产业链的低端业务，区域网络的创新能力较低。这种类型的区域网络，常见于发展中国家。

3. 轮轴式产业区（hub-and-spoke district）

轮轴式产业区，分为一般轮轴产业区和高级轮轴产业区。一般轮轴式产业区包括第三类产业区和第四类产业区，这一产业区的网络组织中企业类型较为丰富，有大型企业，也有中小型企业。在第三类产业区中，核心大型企业为供应商，下游的零售商、客户为中小型企业。在第四类产业区中正好相反，核心大型企业为零售商或者客户，而供应商等为中小型企业。这一类网络的主要特点，是区域内合作主要集中在大企业与中小企业间，而中小企业内部基本没有合作，大型企业在这一区域中具有较强的号召力，而其他附属机构主要起辅助作用。高级轮轴产业区包括第五类产业区和第六类产业区，本产业区的区别是中小企业间有了密切合作，而大企业的合作对象也不仅局限于区域内部，开始尝试外部合作。

4. 高级卫星平台产业区（advanced satellite platform district）

高级卫星平台产业区，包括第七类产业区和第八类产业区。这类产业网络较之前的升级点在于，大型跨国企业与区域内的当地大企业间有了合作。在第七类产业区中，合作主要集中在与供应商之间；在第八类产业区中，合作主要集中在与客户之间。区域网络之所以能够从卫星平台产业区进化为高级卫星平台产业区，最主要的原因是区域内中小企业有了创新技术或者新产品，同时，这些技术和产品能够满足大型企业的要求。

5. 高技术产业区（high technology district）

高技术产业区是第九类产业区。高技术产业区，也称为完整成熟的区域创新网络。该产业区是前几类产业区的终极模式，并可由前几类产业区演化而成。在该类产业区所形成的创新网络组织中，无论企业规模大小都存在紧密的联系，并且企业间、机构间通过协作与互补实现网络整体的创新，区域内同时存在着竞争与合作。以上九个类型的产业区网络构成及内部关系（图2.1中省略了辅助机构，如政府、银行、院校等），如图2.1所示。

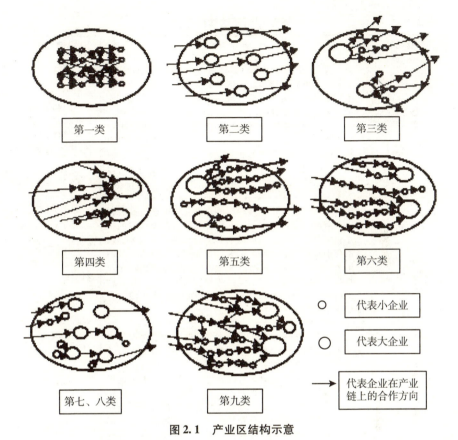

图2.1 产业区结构示意

资料来源：作者绘制。

通过以上对区域产业区网络的不同阶段的模型分析，可以看出网络组织结构逐步演化和完善的过程，区域创新网络就是在以上各个模型的基础上逐步演化而成的。为了便于探讨，本书将以上产业区分为三大类型：其一是以小企业为主的马歇尔产业区；其二是以大企业为核心的轮轴式产业区；其三是大企业集聚的卫星平台式产业区。①

根据以上分类，结合国内外学者的研究，本书认为区域创新网络的演化沿着以下四条路径进行，具体如表2.1所示。

---

① 米娟．基于创新网络的高科技产业集群知识创新机制研究．山东大学博士学位论文，2008：14－21．

表 2.1 区域创新网络演化路径

演化路径	路径描述	典型案例
路径一： 第一类→第九类	第一类是马歇尔产业区，区域内中小企业数量非常多，这些企业虽然规模较少，但种类齐全，包含了产业链上下游的众多企业。当区域内政府进行制度创新，例如，较好的创新鼓励与优惠政策、引进大型企业和人才等，区域内的企业将在原先就合作密切的基础上更加注重新技术、新产品的研发，同时区域内的科研机构、高等院校也带来知识扩散。因此，在政府、科研机构、院校等的综合作用下，这一类的区域网络可以演化为区域创新网络	中小型高新技术企业园区；区域性软件园，北京中关村软件园等
路径二： 第一类→第五、六类→第九类	第一类的产业区除了路径以外，也有可能通过高级轮轴产业区过渡到区域创新网络。马歇尔产业区中的中小企业可以利用区域内政府、银行、科研机构等提供的帮助壮大自己，逐步扩大自身规模，发展为区域内的大型核心企业。同时，区域内缺乏竞争力的小企业也会逐步被淘汰，将形成高级轮轴式产业区。随着辅助机构的进一步完善，这一区域网络最终可以演化为区域创新网络	青岛临港产业园，青岛经济技术开发区等
路径三： 第三、四类→第五、六类→第九类	轮轴式产业区中的合作关系主要存在于大型企业与中小企业之间，而中小企业间的合作较少。核心大型企业由于具有技术优势和规模优势，从而可以自由选择合作伙伴，中小企业面对优胜劣汰的竞争压力不得不进行创新，提升自己的技术实力。随着发展，中小企业实力逐步提高，合作也不仅局限于与核心大型企业之间，中小企业间的合作加强，高级轮轴式产业区形成。随着区域内各主体功能的进一步完善，这一区域网络最终可以演化为区域创新网络	中国"长三角"产业区
路径四： 第二类→第七、八类→第九类	随着区域内企业技术能力等各方面的提升，大型跨国公司逐步开始与内部企业合作，高级卫星平台产业区形成。此时，区域内的合作频率加大，跨国公司较好地融入本地市场，同时，也会吸引区域外企业加入，区域网络逐渐扩大，最终演化为区域创新网络	天津滨海新区、苏州工业园等

资料来源：作者绘制。

　　区域创新网络是在多种因素的共同作用下日趋完善的，网络的演化带动企业的发展，企业的发展也将促进网络的成熟，两者互相促进，最终将带动区域产业的升级。区域创新网络的演化示意图，如图 2.2 所示。

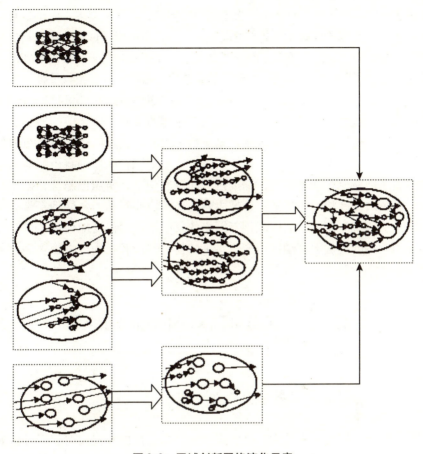

图 2.2 区域创新网络演化示意

资料来源：作者绘制。

（二）区域创新网络演化的内在机理分析

通过上述路径分析，我们了解了区域创新网络是如何演化形成的，接下来将探讨区域创新网络演化的内在机理。区域创新网络是由众多主体共同构成的，其中占据核心位置的是企业（Lundvall，1992）。本章以企业主体作为出发点，分析创新网络的演化机理。

在初始状态，区域网络的构成并不完备，此时区域内企业的合作主要维系在纵向上，即企业主要与产业链上下游的供应商或者代理商、零售商关系密切，并且该时段的联系也主要为简单的经济交易。

随着区域网络组成要素的丰富，企业开始寻求产业链上的横向合作，合作对象不仅局限于上下游企业，与区域内的同行企业交流增多，由于自身规模的限制，企业之间或者共享研发设备，或者共同承接项目，关系已不再是单纯的竞争关系或合作关系，而是竞合关系。在该段时期，区域内的辅助机构逐步完善并发挥一定作用，企业开始和政府、科研机构、银行等合作。

随着区域内各主体间的交流与磨合，网络组织的结构达到稳定状态，各网络节点在动态中保持平衡。企业与各主体的关系，由之前的横纵线性关系发展为交错复杂的网状关系。基于信任机制，企业广泛地与区域内的科研机构、银行、事务所等合作，新技术、新知识在区域内自由畅通。企业的技术创新、管理创新等，辅助机构的制度创新、组织创新等，创新行为在区域内以网状形式扩散。区域内各主体的协作互动、共同创新带动了网络组织的整体发展，而区域创新网络的发展则更大程度地促进了网络核心企业的发展，从而带动区域产业水平的提升，两者互为促进因素，共同带动地区产业升级。

第三节　区域创新网络的网络体系[①]

一、区域创新网络的节点

区域创新网络的完整性，是实现网络高效运作的前提，要想保证区域创新网络的完整性，必须同时具备以下四个要素：基本节点、联结各节点的关系链条、网络中流通的创新资源、网络存在和发展的环境。

由图 2.3 可以看出，区域创新网络内的节点分为以下五类：

（一）企业

企业是区域创新网络中最重要的创新活动参与主体，它位于网络的核心位置。在区域创新网络中的企业，不仅包括产业链的上游企业和下游企业，还包括具有竞争性、互补性等水平关系的企业。同参与创新活动的其他主体相比，企业拥有资金、人才等多方面的优势。企业不仅是创新思维的需求者，同时，也是将创新成果转化为生产力、实现创新增值的核心主

---

①　白晓萌. 区域创新网络的运作机制研究. 天津财经大学硕士学位论文，2014.

体。网络内部的创新主体以企业为中心发挥作用，政府为企业提供政策引导，大学和科研机构为企业提供人才和知识等资源，金融机构和中介服务机构通过为企业的创新活动提供便利而发挥作用，企业通过与区域创新网络内部其他创新主体间的紧密合作，实现了知识（技术）的扩散，学习、信息的交换，同时提升了企业和网络整体的创新力。企业在创新过程中是最关键的一环，在区域创新网络中具有最高的重要性，是对区域创新网络进行研究的出发点。

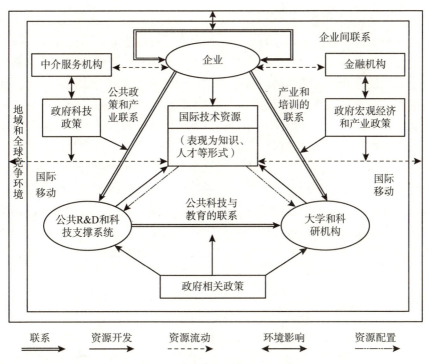

图 2.3　区域创新网络架构示意

资料来源：李正风，曾国屏．中国创新系统研究——技术、制度与知识．山东教育出版社，1999．

（二）政府

政府不仅积极参与创新活动，同时也推动创新活动的进行，在区域创新网络中的政府主要是指地方政府部门。与其他主体要素不同，政府部门不直接参与网络内部的创新活动，主要通过制定相关政策法规来维护市场秩序、规范市场行为、挖掘区域内部的潜在创新资源，为创新活动的进行营造良好的外部环境。特别是在那些市场机制作用失效的地区，创新活动无法正常进行，政府可以用其特殊的身份发挥作用来弥补市场作用的缺陷，扫清区域发展过程中的障碍，政府部门在区域创新网络的建设过程中拥有决定性力量。政府通过其自身的政策引导作用，为企业的创新活动指明方向，为大学和科研机构创新成果的转化提供渠道，为金融机构和中介服务机构作用的发挥提供政策保障。

（三）大学和科研机构

在知识经济时代，知识与技术在社会发展过程中起到重要作用，在创新过程中的贡献程度也在不断增大，就使得大学和科研机构在区域创新网络中的地位上升。大学和科研机构在进行知识和技术创造活动的同时，还可以通过教育培训等方式促进知识和技术的传播及其实际价值的实现，创造更多的创新机会。所以说，大学和科研机构是区域创新网络中参与创新活动的重要主体，是构成区域创新网络的重要节点。区域中是否存在高水平的大学或科研机构，这些高水平的大学或科研机构能否充分发挥作用，直接关系到网络创新功能能否持续改进。与大学和科研机构为邻是世界各国的高技术产业聚集区成功建立和健康发展的重要原因，这种布局有助于高技术企业及时获得其进行创新活动所需的技术和人才等资源，同时还可以方便其与大学和科研机构的沟通交流与合作，及时发现并改进问题，保证企业的健康、快速发展。

（四）金融机构

创新活动是一个破坏性创新的过程，是通过对原有生产方式和组合方式的破坏性重组来实现的，伴随这一过程，企业需要投入大量的知识、技术、人才和设备等创新资源，这就要求企业必须具备较强的经济实力，资金是实现创新活动的保障。但是，一些中小企业没有雄厚的资金实力，无法开展创新活动，这就是金融机构存在的原因，金融机构为企业创新活动提供资金支持，确保其顺利开展创新活动；同时，金融机构也是大学和科研机构进行创新科研项目的重要资金来源。研究表明，区域内部的风险投资机构和银行等金融机构所提供的金融资本，对创新活动的开展起着至关重要的作用。在企业的创新过程中，金融机构不仅扮演企业的融资者角色，还扮演着企业的金融顾问角色，可以及时帮助企业修正发展战略。金融机构在高技术产业聚集区的作用更加明显，直接影响网络内部创新活动的进度和效率。

（五）中介服务机构

区域创新网络中的中介服务机构，是指为网络内部的创新活动提供各式服务的一系列机构的总称，中介服务机构可以分为传输代理、交易平台和技术孵化三种类型。中介服务机构和政府一样，不会直接参与创新活动，但是却对创新活动的进行有重要的促进作用和辅助作用。它是企业、大学和科研机构获取创新资源的重要渠道，有利于网络内部主体间的沟通、协调，类似于"黏合剂"的作用。中介服务机构在创新活动中的作用，主要表现为两种形式：一种是通过自身的创新来为其他创新主体提供更加优质的服务；另一种是通过为其他创新主体提供服务来促进整体网络的功能创新。研究表明，区域创新网络内部的中介服务机构，还具有灵活性和公共服务性的特点，在运行过程中，这些机构不仅可以有效地规范市场行为，提高资源的优化配置效率，还可以不断地激活新的资源，从而提高区域内的创新活性和积极性。综上所述，中介服务机构是区域创新网络的重要节点之一。

区域创新网络中的每个节点的功能与地位各不相同，但都共同为促进创新活动的进行和区域的发展而努力。企业是区域创新网络的核心，直接参与创新活动；政府是区域创新网络的重要主体，通过制定相关政策，为创新活动提供制度保障；大学和科研机构通过对新知识、新技术的创新扩散和新人才的培养，为创新活动的进行提供了坚实的资源基础；金融机构作为区域创新网络的推进器，为创新活动的进行提供资金保障；中介服务机构主要提供针对性服务，具有黏合剂的作用，间接参与创新活动。

■ 二、区域创新网络的关系链条

网络内部创新主体间的关系链条，可以实现网络内部创新资源的高效传递和价值增值。网络中的每个创新主体都可能直接或间接地与其他创新主体发生作用，因此创新主体之间的关系链条是比较复杂的，如图2.4所示。网络内部的相关主体间的关系分为显性关系和隐性关系，显性关系主要表现为相关主体间的实际物体和劳动力的流动，隐性关系则表现为在人与人非正式的交流活动中的知识、信息等资源的流动。

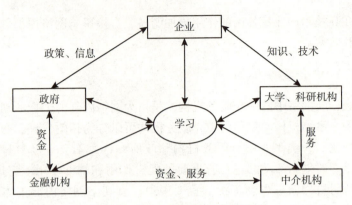

图2.4　区域创新网络各节点关系

资料来源：作者绘制。

企业在网络中的关系分为以下四类：（1）企业与企业之间的关系（既包括处于同一个产业链条的上下游企业之间的联系，也包括市场中同行业的企业间所产生的竞争合作关系）；（2）企业与中介服务机构间的合作关系；（3）企业与大学、科研机构所产生的合作关系；（4）企业与区域内的金融机构间建立的合作关系。

网络内其他联系的建立都是以企业间联系为基础的，企业间的联系在创新过程中是经济价值活动的最直接反映。中国当前企业具有数量众多、形式多样等特征，企业创造了国家的绝大部分财富，有些企业拥有自己的研发中心，创新能力强大，是区域创新的中坚力量。企业在实现自身创新的同时，还不断加紧企业间创新的脚步，加快产业创新的速度。企业间的合作与创新，已经成为创新网络的主要表现形式，是区域创新网络建设的基础。

在知识经济时代，技术和知识在经济发展过程中发挥了十分重要的作用，具有很重要的战略意义。在创新过程中，大学和科研机构为企业提供了其所需要的创新知识、创新人才和创新技术等资源，企业通过对创新资源的利用，努力实现创新，并把创新成果及时转化为先进生产力。创新活动的进行需要大学和科研机构与企业的参与，企业可以为大学和科研机构提供其所需的资金和设备，促进科研成果的转化，大学和科研机构可以凭借其经验和知识优势帮助企业解决发展中的难题。虽然某些大型企业自身配备科研机构，但其科研能力有限，需要大学和科研机构的帮助，而那些中小企业自身没有科研机构，需要大学和科研机构的协助来实现其创新活动。企业与大学和科研机构之间通过合作能实现双赢，该合作形式是构建区域创新网络的有效载体。必须提出，大学和科研机构之间的合作也是必要的，它们是知识和技术等重要创新资源的创造者，是实现区域创新的基本力量，大学和科研机构通过合作可以避免资源的重复利用和浪费。

金融机构为区域创新网络内企业、大学和科研机构提供资金支持，是其实现创新活动的坚实后盾。在中国大学和科研机构实行政府拨款的大背景下，任何一所大学或科研机构想获得贷款，不仅手续复杂，而且可以得到的款额有限。同时，尽管一些中小企业具有较强的盈利能力和偿债能力，但它们也不能或很难从金融机构获得贷款支持。为了改善这种现象，风险投资基金出现了。这项资金分为非银行金融机构出资、财政拨款和企业投资三部分，其中，90%以上都是财政拨款，政府通过这种方式来促进高新技术企业的发展。国外的"风险资金投入—新技术转化—风险资金退出—投资下一个项目"这一投资模式具有良好的借鉴意义，可以改善资金的循环率。区域内应该吸引更多的金融投资机构进入，通过区域内资本存量的不断累积来保证创新资金的供给。

中介服务机构是在区域创新网络内实现企业与大学、科研机构的协同创新，金融机构为创新主体提供资金等活动的桥梁与纽带。中介服务机构通过在相关主体间发挥作用，可以实现知识、技术等创新资源的优化配置，在最大程度上减少创新主体的运作成本。中介服务机构在区域创新网络中扮演着重要角色，能帮助企业评价核心竞争力，对企业发展起引导作用；为大学和科研机构提供人员培训；为金融机构提供法律、财务等中介服务，减少其在这方面的投入，充分发挥金融机构的功能。中介服务机构的存在，有助于改善创新活动效率。

政府为区域创新网络内部创新主体的有效运行和充分发挥作用提供有力保证。创新环境分为软、硬两个环境，在硬环境中，政府主要通过提供交通等公共基础设施来发挥作用，这些基础设施既可以由政府来建设，也可以通过政府对社会力量的引导来供给；在软环境中，政府通过法规和政策的制定间接发挥作用，减免税收和金融改革等措施都是政府发挥作用的手段。政府措施的目的，都是为创新活动提供一个良好、宽松的环境，这一目标的实现主要由政府自身素质的高低决定。廉洁高效的政府，能保证和促进创新活动的开展和运行。

此外，我们还应关注区域创新网络中的非经济网络。非经济网络主要是由各种非正式的联系所构成的，领导与员工的公共社会关系以及每个人的人际关系都是非经济网络的主要表现形式。一些区域内的创新网络是非正式的，大量研究表明，非经济网络有时比正式经济网络更能发挥重要作用。在一些情况下，正是由于个人网络这类非经济网络的存在，企业才能获得创新活动所需的信息、原材料和技术等重要资源。当然，在知识和技术日新月异的知识经济时代，最重要的非经济网络当属企业家之间的关系网络，企业在创新过程中具有多方面的联结，每个联结的运行效果都与企业家的决策相关，企业家的决策对创新活动有重大影响。企业家之间的沟通和企业内外员工之间的沟通，不但有利于企业规避创新风险，更促进了企业创新活动的开展。

■ 三、区域创新网络中各节点的结网过程

国内外学者对区域创新网络的产生、发展、完善过程进行了大量研究。戴伊和延冈（Dye，Nobeoka，2000）通过对丰田公司在美国的供应商网络的发展过程的研究，清晰地描述了一个大型区域创新网络的创造、管理和进化过程。多泽塔尔（Dozetal，2000）对 R&D 协会进行研究，发现区域创新网络的构成分为自生过程和构建过程两类。本章认为，区域创新网络是一种耗散结构，这种结构是开放的、非平衡和非线性的，这些特征就决定了区域创新网络中各经济元素的共同作用并不是其单独作用的简单累加，网络要想发展就必须与外界环境进行资源交换。依据这三个特点，本章将区域创新网络中节点的结网过程分为四个阶段：（1）创新节点整合阶段，该阶段主要进行创新主体的选择；（2）合作行为建立阶段，该阶段各创新主体间开始建立合作，进行创新活动；（3）结网阶段，该阶段某两个创新主体间开始建立紧密的强联系；（4）体系化阶段，该阶段区域创新网络内部的各节点间已经建立了紧密联系，营造了有利于网络发展的共同文化，逐步实现网络化。区域创新网络中各节点会形成四个阶段的节点过程，包括创新节点整合阶段、合作行为建立阶段、结网阶段和体系化阶段等四个阶段。如图 2.5 所示。

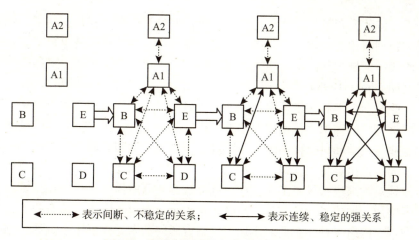

图 2.5　区域创新网络各节点的结网过程

注：阶段1：创新节点整合阶段；阶段2：合作行为建立阶段；阶段3：结网阶段；阶段4：体系化阶段。其中，A1，A2 为企业；B 为大学；C 为政府；D 为金融机构；E 为中介机构。

（一）创新节点整合阶段

区域创新网络是以创新为目的的，网络中所有参与者都是创新的相关主体，这些创新主体素质的高低和质量的好坏对创新活动有直接影响。进入网络中的企业，应该是敢于和善于组合创新资源的企业，尤其是那些从高校和科研机构衍生出来的企业。这类企业内部的生产方式与管理模式灵活性较强，具有极强的创新欲望和积极性，对于发挥区域创新网络的创新能力有极大的促进作用。大学和科研机构是为企业提供创新知识、信息和技术等创新资源的机构，进入区域创新网络中的大学和科研机构应具备极强的知识创造能力和供给能力，这就可以保证在创新过程进行中，所有创新相关主体可以及时获得最前沿的创新相关知识等资源。区域创新网络中的金融机构和中介服务机构主要起支撑的作用，那些能为企业、大学与科研机构等创新主体提供必要资金支持的金融机构，能在最大程度上发挥沟通、协调和黏合剂作用，在创新活动中发挥"催化剂"效用的中介服务机构都应纳入网络中来。政府在区域创新网络中具有重大作用，通过政策的制定等措施来营造对开展创新活动有利的环境，是创新活动的重要参与者。

（二）合作行为建立阶段

合作行为建立阶段的实质，就是创新主体互动阶段。在经济全球化和知识经济的大背景下，企业已经不能或者很难独自完成创新活动了，就需要与各创新相关主体进行合作，这时区域创新网络的雏形就出现了。在这一阶段，区域创新网络内相关主体间的网络联系呈现出间断、不稳定的特点（Grabher，1993）。[①]

此时，大学和科研机构直接进行知识的创造、扩散和应用，为创新活动提供重要的知识、技术和人才等创新资源。这时，区域创新网络就会搭建企业与大学和科研机构的合作平台。企业为大学和科研机构提供科研经费，同时提出自身在知识、技术或者是人才方面的要求，大学和科研机构可以针对需求进行科研工作，这一过程双方各取所需，实现了创新资源流量的增加，加快了创新进程。同时，相关企业间也加强了交流合作，依托区域创新网络平台，企业间实现了创新资源的共享，降低了企业在创新过程中的风险。网络内部企业的裂变可以促使那些具有更强创新能力的企业的产生，它们可以发掘出更先进的技术和更广阔的市场，促进区域创新网络的升级。政府通过制定相关政策法规引导相关创新主体之间的创新活动，促进创新成果的产生和传播分享，实现网络内部各创新主体间的协同效应。同时，政府还对金融机构和中介服务机构发挥引导作用。金融机构和中介服务机构在创新活动中分别发挥了资金支持和"创新活动黏合剂"的作用，其运作效率的高低在很大程度上影响了创新活动进行的顺利程度。政府通过对其的引导，使其能按照区域创新网络内部相关创新主体间的需求运行和服务，在最大程度上将区域创新网络整合成一个创新整体。

（三）结网阶段

在合作行为建立阶段，各创新主体间所建立的关系还是间断的、不稳定的。经过一段时间的合作，一些创新相关主体间率先开始建立连续稳定的强联系。这些创新主体间已经进行了一段时间的创新合作，实现了创新资源的优化配置，并且通过降低运作成本提升了自身的创新竞争力，提高了创新活动的效率。其他创新主体可能由于自身能力不足、不能很快适应环境或者政策限制等原因，依然处在合作行为建立阶段。但是，并不意味着它们不能在区域创新网络中存在，随着创新活动的深入，创新主体自身能力会不断提升，对创新环境也更加适应，彼此之间的强联系也会慢慢建立，进入结网阶段，促进各创新主体间的网络化进程。

---

① Grabher G. The Embedded Firms：On the Socioeconomics of Industrial Networks ［M］. London：Routledge，1993：127 – 136.

（四）体系化阶段

在结网阶段，区域创新网络只是形成了自己的"形"和"壳"，而在体系化阶段，网络内部各创新主体间已经形成了紧密的强有力联系，不仅推动了创新活动的进行，更促进了当地经济的发展，这时的区域创新网络已经具有了稳固的自身文化结构，形成了"根植性"，成为了一个"实体"（Malecki，1997）。① 建立区域创新网络的目的就是创新，推动区域的经济发展，但是我们不应把网络的创新活动仅仅看作经济行为，它也是一种社会行为和文化行为。不同国家和地区具有不同的民族、文化、经济和政治特点，区域内的主体要想实现稳步快速发展，就必须深深根植于本区域的社会文化之中。这种文化根植性有利于推动网络内部的经济活动和创新活动，区域创新网络通过本地化过程，充分汲取了当地的经济、文化优势促进自身发展，建立了稳固的发展基础；当区域创新网络与外部联结时，能保证在发展本地经济和文化优势的基础上，通过与外部创新环境的交流学习加快创新进程，促进区域经济的快速发展。②

网络内的创新相关主体通过长时间合作，形成了较为稳定的联结，彼此之间拥有极高的信任度，它们经过本区域内文化的长期熏陶形成了属于自身网络的共同文化，具有了"根植性"。这种根植性强化了网络内部各相关主体间的联系紧密度，促使它们之间形成了多边的强联系，使区域创新网络真正成为一个"实体"。根植性是区域创新网络最终形成的关键。

第四节 区域创新网络的联结机制

要想在区域创新网络内实现创新资源的充分流动，提高创新效率，加快创新成果的转化，还需要多种联结机制同时发挥作用，如图 2.6 所示。

---

① Malecki E. J. Technology & Economic Development: The Dynamic of local, Regional and National Competitiveness. Addison Wesley Longman Limited, 1997 (11): 78 – 85.

② 盖文启. 创新网络——区域发展新思维. 北京大学出版社, 2002: 50 – 62.

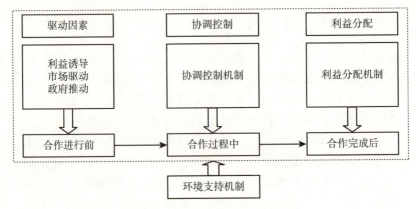

图 2.6　区域创新网络的联结机制

一、区域创新网络的驱动因素

区域创新网络的形成需要驱动因素，本章将驱动因素分为外部驱动因素和内部驱动因素。外部驱动因素是在市场竞争的前提下产生的，主要来自于政府的推动和市场的驱动；而内部驱动因素，主要来自于企业对利益的追求。本章把区域创新网络的驱动因素分为利益诱导、市场驱动和政府推动三方面。

（一）利益诱导

在知识经济时代，不同企业间在知识和技术等重要资源方面展开了激烈的竞争。企业是创新活动的重要参与者，也是创新的主要受益者，为了自身的利益最大化而不断努力。但是，在创新活动进行过程中，会伴随着高投入和高风险，企业一般是不会花很多钱进行创新活动的。如果一个企业因为创新活动而获得了巨大收益，那么其他企业也会开始效仿，但是企业自身的创新能力和资源都是有限的，要想进行创新活动就要进行合作，就使得不同的经济利益主体间开始联系、进行结网。通过结网，企业间的共同利益和共同需求得到满足，主要表现为五个方面：（1）企业的规模和活动范围得以扩大；（2）分担企业创新的成本和风险；（3）强化技术学习效应；（4）提高企业创新的效率；（5）强化企业解决复杂技术问题的能力（张伟峰，万威武，2004）。利益诱导是区域创新网络驱动因素中最重要的一个。

（二）市场驱动

市场对区域创新网络的形成发展有重大影响，主要表现为竞争与协作驱动和市场效应驱动。

1. 竞争与协作驱动

当今市场竞争激烈，企业在创新活动中的难度和风险都在不断增大，网络化的竞争关系是企业的必然选择，这可以帮助企业从外部获取资源，降低创新风险，提高创新能力，减少竞争压力。同时可以发现，企业要想通过纯技术的市场交易来获得自身所需的创新资源是很难实现的，因为在交易过程中企业要承担很高的交易成本和失败风险，以及未来对市场环境的不适应等各种可能，这种高技术的市场竞争催生了区域创新网络这一合作模式的产生。在网络中，每一个创新相关主体都可以最大限度地规避风险，提高创新绩效。更重要的是，随着市场竞争与协作模式的不断变化和更新，区域创新网络也会随之作出改变，淘汰旧的落后企业，吸收和培养新的有竞争力和创新力的企业。概括来说，市场的竞争与协作使企业获得了自身成长与创新所需的资源，降低了成本，使区域创新网络的资源汲取和储藏功能得到最大限度的发挥，是刺激区域创新网络产生与发展的一个重要因素。

2. 市场效应驱动

交易成本优势、市场品牌效应和规模经济效应等优势，是区域创新网络市场效应的集中表现形式。通过大量异质企业在一定区域内的集聚，促进了分工，提高了交易和创新效率，同时，随着许多小企业群的产生和发展，使网络效应得以发挥和扩散。可以看出，高水平的分工、大量的集中交易和较高的交易频率三者相互促进，催生了集聚经济。意大利的时装等网络集聚效应的表现。此外，由于在区域创新网络内部分工精细化程度的提高，中间产品转移成本的降低和资产专用性的提高，实现了相关功能从企业内部的剥离，这样就降低了生产成本，企业的生产规模得到优化，有利于实现规模经济。同时，网络内外的企业通过合作，也可以实现资源共享和协同发展，有利于外部规模经济的实现。

（三）政府推动

政府在区域创新网络的形成和发展过程中所起的作用是显而易见的，尤其在中国，在区域创新网络的形成和发展过程中政府所起的作用更加显著。在区域创新网络建立初期，政府所起的一般是引导作用；在区域创新网络的成长发展阶段，政府一般是从宏观层面来保障区域创新网络的健康、持续和多元化的发展。政府主要从四个方面来发挥作用，通过相关宏观政策的制定，努力建立有利于区域创新网络形成的环境；对区域创新网络的形成和发展提供资金支持和政策扶持；促进网络内部完善的风险投资机制和资本市场的建立；提供学习交流的平台，营造网络内部的学习氛围。

二、协调控制机制

区域创新网络内的相关主体间由于文化、信誉的差异，在合作过程中发生冲突是在所难免的。因此，需要一个协调控制机制来保障创新活动的顺利进行。本章认为，协调控制机制分为正式控制机制和社会文化协调机制两个方面。

（一）正式控制机制

本章认为，正式控制机制的建立，有利于发挥政府与中介服务机构的作用，在一定程度上减少冲突，避免创新主体间的矛盾，保障创新活动的有序进行。要想实现这一目标，首先，应发挥政府的宏观调控职能。政府可以通过一系列相关政策法规的制定，运用有效的规章制度来规范每个创新主体的行为，减少在创新活动中产生的矛盾和争执，保证合作目标的实现。其次，应发挥中介机构的协调作用。中介服务机构虽然没有直接参与创新活动，但是在创新的过程中主要起到了辅助作用。中介服务机构是网络内部的相关主体间进行交流合作的平台，通过中介作用，可以促进网络内部主体间的资源共享。同时，中介服务机构还可以协调创新相关主体间的矛盾，保证创新活动的连续进行，促进区域创新网络的发展升级。

（二）社会文化协调机制

除了运用正式控制机制外，还可以利用道德、文化等社会文化手段来协调控制创新活动。区域创新网络内部的社会网络比其他社会网络更加稳定和坚固。由于创新合作的需要，网络内部的创新相关主体间经常会发生各种创新资源的交换，随着合作过程的深入，各创新主体间逐步建立了信任，区域创新网络的凝聚力得到增强。通过企业家俱乐部和行业协会等组织所提供的交流平台，网络内部主体间的价值观和行为趋于一致，形成了共同的文化，有利于减少网络内部的矛盾冲突，在处理合作事务上更容易协商和达成共识。

三、利益分配机制

区域创新网络的创新活动有一定的失败率，这是因为网络内部的节点间由于属性和地位的差异，节点所要求的利益也会有所差异，同时不同的节点间还存在合作目标差异、文化冲突和合作过程中的机会主义行为，严重影响了网络的稳定性，导致网络内的利益失衡，阻碍了创新活动的进行。因此，我们应努力实现网络内部的各创新相关主体间不同需要的满足，主体间优势的互补，最终实现多赢（multi‐win）与利益共享。[1] 多赢的观念应贯穿在合作的整个过程中，但是在这个前提下却不一定能产生一个理想的利益分配机制，因为这个机制在实际运行过程中是很复杂的，需要分别考虑有形资产和无形资产的贡献率，但是无形资产很难控制和衡量，无形资产在创新过程中所起的作用明显增大的条件下，如何分配无形资产在网络内部创新活动中所产生的收益非常关键。

因此，在制定利益分配机制时，一定要实现其与经营效果的挂钩，最大限度地发挥利益分配机制的效应作用，能量化的指标必须量化。对于无形资产的利益分配不能仅靠所制定的分配方案来实现，因为往往由于创新相关主体间组织学习能力的差异造成了无形资产分配不均衡这一现象。为了避免这种现象，各相关主体应加强学习、增进了解、互帮互助，共同提高创新能力。

区域创新网络通过借助有效的利益分配机制充分发挥了市场在资源配置过程中的作用，除此之外，还应在网络内部努力营造公平的创新环境，最大限度地减少创新主体间的不公平感，主要应做到以下三点：（1）互惠互利原则。网络内部的相关创新主体的利益应得到充分保证，否则会降低合作的积极性，造成创新活动的失败。（2）结构利益最优原则。从实际出发，准确衡量利益分配的最优比例结构，不能只考虑有形

① 陈新跃，杨德礼，董一哲．企业创新网络的联结机制研究．研究与发展管理，2002，14（6）：26‐30.

资产而忽视无形资产。（3）风险与利益对称原则。① 创新主体所获得的利益应与其所承担的风险相对应，在明确利益分配方式的同时加以必要的风险补偿。利益分配机制的实施还需要有效的利益沟通机制作为辅助，网络内部创新相关主体间沟通得不顺畅，反馈得不及时，都会造成利益分配失效。因此，应运用法律手段保障网络内部创新主体间沟通和反馈通畅，促进创新主体间合作的长久发展，建立多赢的局面。

■ 四、环境支持机制

区域创新网络内部的创新活动，总是在特定的经济、资源和法律环境中进行的。区域创新网络与其所处的创新环境，总是在发生相互作用。网络内部创新活动的成功进行有利于创新环境的改善升级，同时创新环境的改变也促进了创新活动的进行。本章所说的环境支持机制，主要包括区域内部的社会资本环境、制度环境和劳动力市场环境等。

（一）区域社会资本与区域创新网络

区域内的创新活动具有较大的风险性和不确定性，区域创新网络内部的互惠互利原则和社会文化因素降低了创新过程中的交易成本和风险，有利于其内部创新相关主体间的交流合作，同时也为创新相关主体间的共赢合作和创新资源的流动提供了条件。因此，区域社会资本能在很大程度上推动区域创新合作的实现。区域社会资本中的社会文化，对人们的求知欲和创新热情有极大影响，有利于促进人与人之间信任合作关系的建立。文化底蕴越深厚的地区，其创新能力就越强。当今区域之间的竞争，已经不再仅仅是自然资源这些显性资源的竞争，同时还伴随着知识、文化等隐性资源的竞争。区域社会文化的巨大渗透力，对于企业乃至区域竞争力的提升有重大促进作用。

（二）区域制度环境的完善与区域创新网络

自古以来，中国文化重视那些非正式的社会关系和制度安排，家族式的管理虽然在一定情况下可以减少企业成本，促进发展，但是长此以往，这种制度结构的许多弊端会显现出来，稳定而正式的制度结构才是提高创

---

① 韩大卫，程海琼. 协同对策在官产学联合模式下利益分配研究. 科学学与科学技术管理，2002（10）：13－15.

新能力、推动经济发展的重要保障。区域创新网络中应努力建立正式高效的经济和法律等相关制度，完善的制度安排有利于降低运作成本和市场交易的不确定性，推动和激励创新活动。所以，在区域内应该建立有利于创新的制度环境，为企业的学习和创新活动消除阻碍，提高企业的学习和创新热情。目前，企业制度和市场经济体制改革是中国区域经济发展的重点问题，如果不及时解决，那么区域创新网络内部的创新相关主体间就无法营造积极的学习氛围，不能提高创新热情，区域内经济的发展就会裹足不前甚至倒退。

（三）发达的劳动力市场环境与区域创新网络

区域创新网络中的知识和信息等创新资源的更高速流动，需要靠劳动力市场的完善升级来实现。区域内劳动力的高速流动对集体学习有促进作用，集体学习的改善对知识的扩散和学习效率的提高也有巨大的推进作用。网络内部专业型人才的流动，在短期内对单一企业来说可能不利，但从整体和长远来看，对于整个区域创新网络来说具有积极意义。营造发达的劳动力市场环境有利于促进员工间的交流和知识的分享，企业也能及时获得先进的技术和思想，从而在更大范围内提升区域的竞争力和创新能力，促进经济发展。

第五节　区域创新网络的运行机制

区域创新网络是一个能够促进区域内创新活动涌现的网络系统，运行要素繁多，各要素之间作用复杂，网络系统的运行又具有层次化、结构化、动态化的特性。区域创新网络运行具有一定的复杂性和困难性。区域创新网络的运行机制，就是相关主体在创新过程中的相互作用。在区域创新网络的运作模式中，学习和创新机制是核心机制，是区域创新网络价值创造的核心；信任机制是区域创新网络运行的基本保障；维护协调机制是控制保障机制，保障区域创新网络中其他机制作用的发挥。这三大机制通过发生相互作用会促进彼此之间作用的发挥，提高区域创新网络的运作效果，如图 2.7 所示。

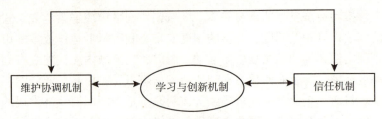

图 2.7　区域创新网络运作机制关系

资料来源：作者整理。

一、学习与创新机制

（一）创新机制

区域创新网络的本质特征就是创新。创新机制的建立，有利于推动网络内部知识、技术和制度的创新，维持并提高区域创新网络的创新能力。创新机制是指，通过调动区域创新网络内部所有与创新相关的环节，充分发挥它们的作用，努力建立一个长久有效的机制。区域创新机制主要分为区域技术创新机制和区域制度创新机制两个方面。区域技术创新机制是指，网络内部创新主体通过进行技术的研究开发或模仿学习，进而形成自身的创新能力；区域制度创新机制通过改进或制定相关的政策法规来提高制度的运作效率，有利于调节各创新主体间的利益关系，规范它们的行为，提高了网络内部的创新积极性。

概括起来，创新活动分为五个阶段。第一阶段为接触阶段。区域创新网络内的企业在这一阶段通过正式的途径或非正式的途径与其他组织进行信息沟通和接触交流，在这一过程中发现创新机会并确立创新目标。第二阶段为竞争阶段。当企业发现创新的机会，建立创新的目标后，企业需要进行可行性分析和论证，然后建立创新项目。项目设立后，要对创新合作伙伴进行筛选，做好创新的前期准备工作。第三阶段为合作阶段。在合作伙伴和合作模式选定后，就要开始进行合作实践。第四阶段为整合阶段。在这一阶段主要进行创新资源的整合，为实质的创新活动做准备。第五阶段为协同产出阶段。通过前四个阶段的准备，区域创新网络内部的创新相关主体间，通过创新活动实现了如图 2.8 所示的 "$1+1>2$，$1+1+1>3$" 的效应。

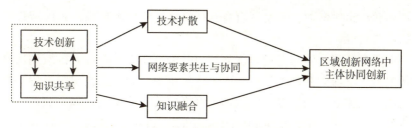

图 2.8　区域创新网络知识与技术要素流动

资料来源：李俊华，王耀德，程月明. 区域创新网络中协同创新的运行机理研究. 科技进步与对策，2012（13）：32 - 36.

区域创新网络的发展，在一定程度上具有相似性。中关村区域创新网络的发展可以分为不断递进的五个梯级，分别为初始创新、离散创新、整合创新、集群创新和优势创新。[①] 区域创新网络理论通过完善区域网络节点、促进节点的联系促进协同创新网络的形成，创新网络发展的阶段为，地理接近、区域内专业化合作增加、协同创新网络的形成、动态的创新网络。[②]

创新由线性模式发展为非线性模式，尤其是近些年来，创新的难度与日俱增，创新的风险加大，过程的周期性加长。企业的创新不仅存在于正式的研究或者开发活动中，还可能发生在生产合作中的任一环节，或者是与产业网络或垂直网络供应商客户的沟通和交流中。因此，创新实际上是一种学习过程，体现为"干中学""用中学""相互作用中学"等（Malecki，1997），要求企业、政府、大学和科研院所、中介机构和金融机构之间形成相互交流、相互学习的动态过程，即网络化的创新模式。

（二）学习机制

学习与创新机制，是区域创新网络运作机制的核心。美国麻省理工大学教授彼得·圣吉认为，"学习型"企业将是未来最成功的企业，因为比竞争对手拥有更快的学习能力将是未来取得持久竞争优势的关键。[③] 通过有组织的知识互动产生网络式创新，是区域创新网络创新的特点。[④] 因此，在区域创新网络内部构建有效的学习机制，网络内部的创新主体通过资源

---

① 傅首清. 区域创新网络与科技产业生态环境互动机制研究. 管理世界，2010（6）.

② 潘利. 链网互动理论——产业集群升级的新视角. 华东经济管理，2007（7）.

③ 彼得·圣吉. 第五项修炼：学习型组织的艺术与实务. 郭敬隆译. 中国人民大学出版社，1994：1 - 5.

④ Steinle C., Schiel H. When do Industries Clusters? A proposal on how to assess an industry's propensity to concentrationat a single region or nation. Research Policy，2002（31）：849 - 858.

的利用和跨组织学习，来实现自身和区域创新能力的提高，是区域创新网络的重要目标。

学习是经济主体获得竞争优势和提升创新能力的关键。区域创新网络学习以组织学习为基础，是一个由个体到组织，最终突破组织边界扩展到网络内的集体学习的过程。区域创新网络内的主要节点，如企业、大学和科研院所、政府、中介机构和金融机构等组织和组织内的个体都是学习的主体。以企业为核心的组织间的学习，是知识增值、提升网络创新能力的基本途径。大学和科研院所是创新网络中组织间学习内容的发源地，是网络中基础知识和基础共性技术的重要来源，这些知识的"溢出"和扩散，是区域创新网络创新发展的原动力和基础动力。区域内高校的水平层次，代表技术创新的基础水平，同时也是区域创新网络学习层次提升、组织间学习系统高速运转的关键性影响因素。政府的职能在于搭建网络公共平台，让组织在平台上进行学习并营造学习氛围，使得知识的扩散、传递更具有目标性和准确性。中介机构是组织之间进行学习的桥梁，金融机构提供资本直接或间接影响组织间学习的效率。

针对区域创新网络学习模式的讨论，网络内学习模式的实质就是其内部知识、技术、人才等创新资源流动的模式。在区域创新网络中，知识、技术、人才等创新资源的流动会产生扩散效应、激发效应等，这就从整体上促进了区域创新网络的繁荣与扩张。可以看出，要想推动区域创新网络的整体发展，就必须建立各创新相关主体间的互动交流模式，保证网络内部学习交流活动的顺利进行。如图2.9所示。

1. 区域创新主体之间的学习模式

区域创新网络内的创新主体，是参与网络内部组织间学习的基本主体。网络内部参与组织间学习的最基本行为主体就是企业，围绕企业所进行的组织间学习对于知识增值和网络创新能力的提升有重大促进作用，此时企业通过学习从外部获得了大量创新资源，丰富了自身的资源存量，提升了资源质量。企业与大学、科研机构的学习模式为产学研的合作模式，合作的过程就是知识或技术转移。通过技术转让，将科技成果转移给企业。企业和高校亦可通过合作开发、联合培养技术人才或者产学研联合体等方式进行学习。共建产学研联合体是一种高级的学习模式，企业、大学和科研机构联合创建实体作为技术创新的主体，联合体既能集聚企业的技术骨干，又能集聚大学和科研机构的研究人员，企业技术骨干可以对技术使用过程中技术改进之处或技术转化过程中的困难提出解决建议，研究人员则可以据此进行技术创新提升，相互之间的知识流动促进了网络内新技术、新知识的消化，提升区域的创新能力。

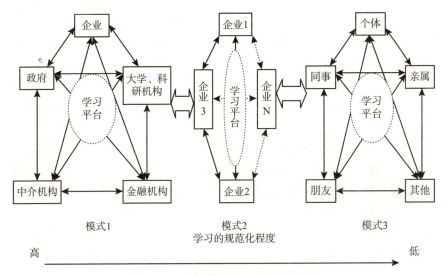

图 2.9 区域创新网络中的学习模式

资料来源：王焕祥，孙斐. 区域创新系统的动力机制分析. 中国科技论坛，2009（1）：36－40.

2. 企业与企业之间的学习模式

区域创新网络内的企业间的规模、发展策略和技术水平各不相同，企业间的关系也各不相同，因此，要想实现和提高企业间学习的水平和效率，应选择水平一体化与垂直分离相结合的混合学习模式，会促进企业自身资源作用的发挥，通过企业间创新资源的分享与学习，使企业资源的存量和质量水平实现升级。[①] 水平一体化的学习模式是指，网络内部的企业在学习过程中不存在地位的差别，它们之间是平等的关系，每个企业与若干个企业结成学习的网络关系，知识从企业自身流动到网络中，通过网络的整合优化再流回企业内部，在这一过程中知识是双向流动的，并且知识在流动过程中实现了升级及在网络内部的扩散，每个企业的知识库都得到了补充，从整体上丰富优化了网络知识，提高了网络的知识水平。垂直分离的学习模式是指，在学习过程中，有一个企业处于中心位置，其他企业分布于中心企业的两端，处于边缘位置，处于中心位置的企业的知识从企

① Griliches Z. The search for R&D spillovers. Scandinavian Journal of Economics，1992：94.

业自身流向边缘位置的企业，在知识流动的过程中处于中心位置企业的知识存量几乎无变化，而处于边缘位置的企业则获得了丰富的知识。从上述两种学习模式可以看出，水平一体化的学习模式有利于区域创新网络内部所有个体和网络整体知识水平和创新能力的优化提高，但是这一学习模式具有较大的随意性，目标性较差，不够稳定。垂直分离的学习模式，虽然具有较强的学习稳定性，但是其知识扩散范围有限，效率较低。因此，企业间最有效的学习模式应该是二者的结合，有助于提高网络整体知识存量，改善网络整体的学习和创新效率，保持创新网络内部学习的稳定性和持续性。

但是，企业间除了上述整体性较强的学习模式外，也应发挥局部学习模式的重要作用。整体性的学习模式比较在意每个企业的学习效果，力求每个企业都获得同样的学习成果。而局部学习模式则促进了关系比较好的相关企业间的交流学习活动，通过局部学习，企业可能会取得比整体学习更好的效果（例如，更高的学习层次、更高的创新效率等）。局部学习模式是整体学习模式的重要补充。

3. 创新个体与人际网络之间的学习模式

创新个体的人际网络包括同事、朋友和亲属等主体，这种学习模式是一种偏于非正式的学习模式，是对区域创新网络中另外两种正式学习模式的重要补充。创新个体通过自己的人际网络，可以获得在日常工作或者是创新活动中无法获得的经验知识，这些经验知识可以通过聚会、旅游等非正式渠道获得，创新经验和知识的丰富提高了创新个体的创新能力，在更大程度上促进创新主体和网络创新能力的提高。这种学习模式是对上述两种学习模式的重要补充。

最后，对促进区域创新网络内部主体间学习的方式进行讨论，网络内部创新相关主体间的学习是内外因素共同作用的结果，区域创新网络内必须提供经济环境和政策环境作为保障，同时，要以经济效益的提高为目标来引导创新主体间的学习活动。区域创新网络必须从内因和外因两个角度来促进网络内部创新相关主体间学习机制的建立。首先，应加大外力的推动（即环境营造），政府要通过相关政策法规的制定和创新项目的设立来对网络内部创新相关主体进行有力引导，促进网络内部学习机制的建立和完善。通过对区域创新环境的优化，来实现网络内部人才的高速流动，从而带动区域创新网络中知识、技术等创新资源的共享，有助于良好学习氛围的营造。其次，网络应注意对创新相关主体进行内力的驱动（利益整合和意识引导）。网络内部所有创新主体都在不断追求自身的利益最大化，企业主要考虑其自身的投入—产出比，大学和科研机构重点考虑自身的运作成本，中介服务机构主要考虑通过提供服务所获得的收益，政府则主要关心社会的整体收益。在学习机制建立的过程中，应充分考虑各创新相关主体的关注与需求，通过有效的利益分配方案来满足各方要求。

■ 二、信任机制

信任在经济学、管理学、社会学、心理学中均有所涉及，信任没有统一的定义。塞布尔（Sable，1993）认为，信任是指一方确信另一方不会利用自己的脆弱性去获取利益。摩根和亨特（Morgan，Hunt，1994）认为，信任是指合作的一方对另一方的可靠性和诚实度所持有的信心。左特曼和摩尔曼（Zaltman，Moorman，1988）认为，信任是人与人之间或组织间能够彼此预测对方的行为，能够依赖对方，并且相信对方会按照所响应的方式行动而减少未来的不确定性。威廉姆森及新制度经济学认为，交易双方缺乏信任将导致较高的交易成本。阿罗认为，信任是经济交往的润滑剂，社会上的许多经济落后现象最终归结为信任缺失。卢曼认为，信任的存在是为了简化人与人之间的合作关系。现实生活中，在人与人或者组织与组织的社会交往过程中，往往由于思想、意识和利益等因素的影响而使交往活动产生不确定性或机会主义。信任可以使社会交往活动处于稳定状态，因为信任可以为社会交往主体提供持久可靠的制度和心理结构（Zucher，1986）。[1] 信任是区域创新网络正常运作的基本条件和重要保障，信任通过发挥作用，在消除不确定性的同时缩短了主体间的时空距离，构建了一种持久有效的共同秩序。

（一）信任对区域创新网络运作的作用

1. 信任可以促进区域创新网络内各方的合作

西方学者普遍认为，信任是自愿且具有目的性的，信任的目的是保持双方良好的合作，从而使双方受益；而当合作双方中的一方认为对方行为有可能损害自身利益，人们极有可能选择不信任对方而终止合作。

---

[1]　Zucher L. G. Production of trust：Institutional sources of economic structure. Research in Organizational Behavior，1986（8）：53 - 111.

摩根和亨特（Morgan，Hunt，1994）的实证研究表明，信任能促进双方的合作，是合作的润滑剂。当双方存在信任时，人们更愿意知识共享、合作创新。

2. 信任可以降低交易费用

交易费用是指，在合作和交易过程中合作双方所产生的费用总和，它会对交易效率产生极大的影响，过高的交易费用可能还会导致交易搁浅。网络内部的创新相关主体间在合作的初期阶段，由于对彼此缺乏足够了解而不能产生信任感，因此在合作时为了保证自己作出决策的正确性，就必须耗费大量的人力、物力和金钱去收集相关信息。这种做法必然会导致交易费用的上升，甚至可能会阻碍双方的合作。当彼此间建立了信任关系时，就可以在最大限度上减少交易费用，在加速交易进程的同时提高交易效率（卢福财，2006）。① 同时，由于双方信任关系的存在，就不需要外力来保证已达成协议的执行，因为双方在合作过程中会有自我约束和监督的行为。网络内部创新相关主体之间的合作关系可以克服那些由信息不对称、信息不完全所引起的问题，大大减少了交易费用。

3. 信任可以降低监督费用

道德风险和逆向选择都是在委托代理关系中，由于合作双方的信息不对称所产生的利己行为。委托人必须制定相应的激励机制来减少道德风险和逆向选择，但由于信息的不对称，激励机制有时并不能发挥作用，这时就需要靠第三方来对代理人的行为进行监督。各创新相关主体在区域创新网络内部的关系就类似于委托代理关系，它们可能会产生非合作行为。但是它们之间如果存在信任，就有利于建立自我监督机制，在一定程度上降低监督成本，避免机会主义行为的发生，有利于创新活动的顺利进行。

4. 信任可增强合作的灵活性

在当今日新月异的市场环境和国际形势的大背景下，企业单靠自身已经无法生存，因此必须进行合作。在区域创新网络内部，各创新主体间的紧密合作就决定了它们要共同决策，每当市场环境、国家政策、国际环境变化时，就到了讨论和制定新决策的时候。共同制定决策的过程比单独作决策费时费力，且灵活性较差。如果所有创新相关主体之间具有较高的信

---

① 卢福财，胡平波. 网络租金及其形成机理分析. 中国工业经济，2006，6（219）：84-90.

任程度，各方态度就会灵活，有利于加快谈判决策的速度，不会错过最佳的决策调整和制定时机，最大限度地维护各方利益，使创新合作关系能紧随环境变化，提高合作的灵活性和应变力。[1][2]

（二）区域创新网络信任机制的建立

信任的产生，罗特（Rotter，1966）和科尔曼（Coleman，1988）等认为，风险是信任存在的一个必要条件，风险的存在为信任创造了机会，而信任使人勇于承担风险。信任产生的第二个条件，是双方必须信赖，在相互依赖的情形下，缺失对方的信任，其中一方将无法获取收益。

祖切尔（Zucher，1986）认为，信任关系的建立分为过程型、特征型和规范型。[3] 西刻卡和托马斯（Sikka，Thomas，1988）把网络成员间相互信任关系的建立分为五个阶段：测算阶段、预测阶段、确定能力阶段、意向阶段和转移阶段。[4] 严红认为，影响区域创新网络信任机制建立的因素有五类，分别为非正式的关系网络、行为主体之间沟通的顺畅程度、网络成员之间的认同度、行为主体间的目标兼容性、潜在的惩罚力，并从这五个方面阐述构建区域创新网络的信任机制。[5] 信任关系在区域创新网络内的建立是一个由低级到高级的过程，由低到高分别为契约信任、能力信任和商誉信任。[6] 在网络初建期，网络内部的相关创新主体间的信任关系是契约信任，各创新主体为了追求共同的利益建立并遵守相关合作协议，通过这种方式所建立的信任关系不具有灵活性，只能被动地应对环境变化，具有不稳定性和脆弱性。随着创新相关主体间合作的不断深化，相互之间具有较为深厚的了解，这时创新相关主体之间对于彼此的能力都会有一种相互限定的期待，就是能力信任关系。能力信任关系能在一定程度上应对环境的不确定性。当网络内部各创新相关主体形

①　Lin N. , Dumin M. Access to Occupations through Social Ties. Social Networks, 1986 (8): 365 – 385.

②　Lin N. , Tyler R. The Social Psychology of Procedural Justice. New York: Plenum Press, 1988.

③　Zucher L. G, Production of trust: Institutional sources of economic structure. 1840 ~ 1920. Research in Organizational Behavior, 1986 (8): 53 – 111.

④　Sikka L. J. , Thomas R. Shaw, Global Virtual Teams: Intergrating Models of Trust: Proceedings of the Vonet – Workshop. Organizational Virtualness. Pascal Sieber and Joachim Griese Eds, 1998: 35 – 51.

⑤　严红. 区域创新网络理论与成渝经济区创新网络建设研究. 西南财经大学博士学位论文, 2008: 66 – 69.

⑥　Steinle C. , Schiel H. When do Industries Clusters? A proposal on how to assess an industry's propensity to concentrationat a single region or nation. Research Policy, 2002 (31): 849 – 858.

成长期合作关系时，它们之间的信任关系就会进入最高层次，就是商誉信任关系（一种非限定性期待）。这种信任关系具有极高的敏捷性，能及时适应变化多端的环境。

与上述三种信任等级相对应的，分别是工具型关系、情感型关系和混合型关系。创新相关主体间的工具型关系是指，它们在交往过程中以公平、守法为基本原则，每个主体都满足"经济人假设"，会产生机会主义行为，需要对它们进行监督；当创新相关主体间建立情感型关系时，各创新相关主体会为彼此考虑，把网络整体的利益放在首位，对它们已经不需要进行监督活动了，但这只是一种理想状态，在现实中不可能实现；在创新相关主体间的混合型关系阶段机会主义行为几乎消失，此时主要遵循"人情法则"。由此，我们可以将区域创新网络信任机制的建立分为三个阶段，分别为契约工具型创新网络（初级阶段）、能力人情型创新网络（中级阶段）以及商誉情感型创新网络（高级阶段）。如图 2.10 所示。

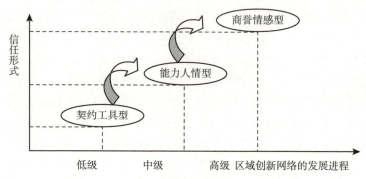

图 2.10　区域创新网络的发展阶段与信任形式

三、维护协调机制

（一）维护机制

区域创新网络中相关主体之间的关系每时每刻都在变化，创新资源也在不断更新、不断流动。因此，为了保持网络的动态性、开放性和完整性就需要对其进行维护。如图 2.11 所示。

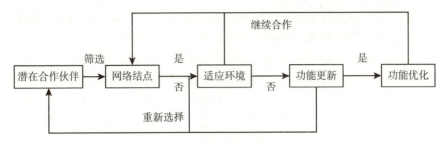

图 2.11　区域创新网络的维护过程

资料来源：作者绘制。

区域创新网络维护机制的功能主要表现在两个方面：（1）网络节点的筛选和管理。在动态竞争的环境中，那些能够及时应对环境变化的节点应保留在区域创新网络中；而那些不能适应环境变化或丧失竞争能力的节点要从网络中剔除，它们的位置由适合的创新主体来代替。这就保持了区域创新网络的灵活性和较高的竞争力水平。（2）与外部网络的信息沟通。区域创新网络对于外部的网络呈现开放性，网络内部与外部的主体通过交流合作实现衔接，有助于区域创新网络获取更多的创新资源，提高创新效率，在一定程度上扩大了区域创新网络的整体规模并提升了竞争力（Coleman，1988）。[1]

（二）协调机制

由于区域创新网络内部的创新相关主体间会产生信息不对称、需求不明确和任务复杂难以实施等问题，同时区域创新网络内主体具有多种利益性身份，创新网络内的不合作或冲突难以避免。对多区域创新网络内的创新主体行为进行治理时，保证创新活动的顺利进行十分必要。区域创新网络的治理，主要是为了防止机会主义行为、实现资源共享等目标，最终保证创新活动高效有序地进行（Stephenson，1999）。[2]区域创新网络内部的治理，主要并不是靠政策法规等正式机制来实现，而主要是借助非正式机制的力量。相应的治理机制分为两类，第一类是关系治理机制（社会机制或宏观机制），主要靠声誉、信任等机制发挥作用来协调创新相关主体间

---

①　Coleman J. S. Social Capital in the Creation of Human Capital. American Journal of Sociology，1988，94（1）：95 – 120.

②　Stephenson K.，Mayntz R. Making a Virtual Organization Work，Modernization and the Logic of Inter-organizational Networks. Working Paper，1999.

的关系。第二类是知识治理机制（运作机制或微观机制），通过创新机制、溢出机制等发挥作用实现知识的共享。

信任机制在区域创新网络的治理机制中处于核心地位，它贯穿于治理的全过程。信任是建立区域创新网络的基础，因为网络缔造者在结网初期对备选者的信息进行核实后，会选择那些与网络的整体特点与属性相吻合的创新主体进行合作。网络内部创新相关主体间的信任，有利于网络内部的学习创新机制、利益分配机制、合作机制和决策协调机制功能的发挥，这些机制的高效运行又会反作用于信任机制，使信任机制发挥更大作用，有利于创新主体之间信任度的提升。

同时，网络的"根植性的文化"，也有利于创新主体之间协调机制的发挥。在创新主体之间具有相同或相似社会文化的前提下，能够缩短成员之间的"心理距离"，加上地缘关系，这种特定的文化使得成员之间更方便沟通交流，冲突发生时减少协调成本。

此外，网络内部的集体制裁机制可以最大限度地规避机会主义行为，进而促进合作。区域创新网络内的合作行为是长期和重复的，网络内的集体制裁会比市场作用机制对企业的影响更大，同时，因此也会受到网络内其他主体的排斥。区域创新网络内的合作产生的信任，是基于多次交易和重复博弈之后建立起来的，囿于集体制裁的约束，行为主体一般会抛弃机会主义的念头，使自己的行为与创新网络的目标更加趋同。

区域创新网络中的学习与创新机制、信任机制、维护协调机制等是相互补充并一起发挥作用的。每个机制都有其优缺点，单靠一个机制不能实现区域创新网络的有效运作。没有信任机制作为基础，网络中的交易将无法进行，网络关系也就不会存在；没有维护协调机制的保障作用，网络内部就会产生道德风险和逆向选择等机会主义行为；没有学习与创新机制发挥作用，网络就会失去创造力和竞争力。

第三章

区域创新网络对产业升级的驱动作用

第一节　产业升级的相关概念界定

■ 一、产业的内涵及分类

（一）产业的概念

产业作为一种经济现象，是生产力发展和社会分工的产物，随着生产力的发展和社会分工程度的提高，产业的内涵和外延也在不断变化和扩展。产业在英文中为"Industry"，尚未有明确的定义和内涵界定，industry有"产业""工业"和"行业"等含义，中国学者给产业的一般定义为"产业是指具有某类共同特性的企业集合"。① 从经济发展的不同时期看，其定义角度也有所不同，在重农主义学派主导时期，产业主要是指农业；资本主义大生产后，产业曾是工业的代名词，到了近现代，产业的内涵和外延进一步扩展和充实。

从产业结构相关理论的角度，产业可以定义为"具有使用相同原材料、相同工艺技术或生产相同用途产品企业的集合"。② 根据学者们的研究，从广义的角度看，产业指第一产业、第二产业和第三产业，而且随着大数据和移动互联网的迅速发展，第三产业迅猛发展，新型的行业不断涌现，产业的范围不断扩展；从狭义的角度看，仅指某一产业，如石油产

---

①② 杨公朴，夏大慰．产业经济学教程．上海财经大学出版社，2002．

业、钢铁产业、信息技术产业等。虽然产业的范围不断扩展，内涵不断延伸，但是无论从狭义的角度还是广义的角度，产业所界定的经济活动都具有相同的某一属性或某一特征。因此，可以将产业定义为苏东水（2015）所界定的"具有同类属性的企业经济活动集合"。[①]

（二）产业的分类

根据国内外学者的研究，产业可以按照不同的分类标准进行划分，将产业界定为不同的类型。按照苏东水（2015）整理的国内外学者的资料，产业常见的分类方法有三次产业分类法、两大部类分类法、农轻重产业分类法、生产要素分类法、国家标准分类法、国际标准分类法等。如表 3.1 所示。

表 3.1　　　　　　　　　　　　常用产业分类方法概况

分类方法	分类依据	具体划分
三次产业	经济与自然界的关系	第一产业、第二产业、第三产业
两大部类	产业在社会再生产中的作用	生产资料部门、消费资料部门
农轻重产业	对物质生产部门进行划分	农业、轻工业、重工业
生产要素	产业对不同生产要素的依赖程度	劳动密集型产业、资本密集型产业、技术密集型产业
国家标准	一国政府的规定	各国有不同的规定
国际标准	联合国的规定	大、中、小、细四个层次

资料来源：苏东水. 产业经济学. 高等教育出版社，2015：5-13.

依据经济与自然界的关系进行分类，是国内外理论界和实务界普遍认可的观点。按照《国民经济行业分类（GB/T 4754-2011）》，将国民经济活动具体划分为农林牧渔业、采矿业、制造业、电力、热力、燃气及水生产和供应业、建筑、批发和零售业、交通运输、仓储和邮政业、住宿和餐饮业、信息传输、软件和信息技术服务业、金融业、房地产业、租赁和商务服务业、科学研究和技术服务业、水利、环境和公共设施管理业、居民服务、修理和其他服务业、教育、卫生和社会工作，文化、体育和娱乐业，公共管理、社会保障和社会组织，国际组织等 20 个具体大类，但是从广义角度看，此 20 大类依然归属于三大产业。

---

① 苏东水. 产业经济学. 高等教育出版社，2015.

■ 二、产业结构的内涵

（一）产业结构关系论

"结构"是指，某个整体的各个组成部分按照一定规律进行搭配和排列时所呈现出的状态，[①] 结构又被称为事物不同部分的地位及相互关系。[②] 从结构的概念出发，产业结构被定义为"产业间的相互联系和联系方式"。[③] 根据国内外学者关于产业的分类及《国民经济行业分类（GB/T 4754 - 2011）》对经济活动的分类，从产业广义的内涵及分类角度看，产业结构可以表现为三大产业之间的关系。从产业狭义的内涵及分类角度看，产业结构可以表现为三大产业内部不同的细分类别产业之间的关系。根据《现代产业经济学辞典》的定义，产业结构为各产业部门之间、各产业部门内部相关行业及企业间的构成及其相互制约的联接关系。

（二）产业结构能力配置论

产业结构是各产业生产能力配置构成的方式，标准的产业结构是社会按再生产要求的投入产出比例建立起来的各产业生产能力配置构成的方式，是能使国民经济体系达到潜在产出量的产业结构。标准产业结构表明，社会在生产过程中，各产业部门之间的投入产出关系（生产能力）是相互依存和相互衔接的，形成一定的比例关系。[④] 产业结构作为产业发展过程中质的规定，是产业间各种经济资源的数量比例关系和质量协调关系，各种经济资源在不同产业间的转移使资源配置效率产生变化。[⑤]

（三）产业结构的静态论、动态论

根据学者们的研究，产业结构有狭义和广义的界定，同时也从产业组成、产业的比重等角度对产业结构进行了定义。从产业组成的角

[①] 马小强. 产业结构转型升级对就业结构及收入分配的影响研究. 上海社会科学院博士学位论文，2016：13.
[②] 李春生. 我国产业结构演进与城市化协调发展研究. 首都经济贸易大学博士学位论文，2016：26.
[③] 芮明杰. 产业经济学. 上海财经大学出版社，2012.
[④] 周振华. 论产业结构分析的基本理论框架. 中国经济问题，1990（1）：1 - 8.
[⑤] 孔令丞. 论中国产业结构优化升级. 中国人民大学博士学位论文，2003.

度看，静态角度的产业组成是指，某一国家或某一地区的产业数目、产业的门类。动态角度的产业组成是指，产业的发展阶段，包括成长期、发展期、扩张期、成熟期和衰退期。从产业比重的角度看，某一产业门类在国民经济中所占的比重反映了各时期产业在国民经济中的重要程度，各产业所占的比重也体现了不同产业的高低级程度。同时，随着经济的发展以及环境的变化，各产业的比重也会随之发生变动，级别程度也会发生变化。

三、产业升级的内涵及类别

（一）产业升级的内涵

产业升级作为产业经济学的基础概念，至今尚未有统一的内涵和分类。国际贸易理论在产业升级概念的界定上，多从宏观层面进行分析，常将产业比较优势与产业升级联系起来。如提出产业升级是产业由低附加值的产品生产转换到高附加值产品生产，是一种动态的专业化的过程（Andrea Morrison，1996；Guerrieri，2001）。波特（Porter，1990）认为，产业升级就是当一国出现和劳动力或其他自然资源优势相比，其国家资本显得相对富足时，则说明该国在发展资本密集型产业会占据比较优势，具备产业升级的条件。[1] 管理学文献和经济学文献大多数则从微观企业层面阐释产业升级。杰里菲（Gereffi，1999）认为，产业升级过程是价值链从低附加值到高附加值转变的过程，是体现企业具备可跨入具有更高盈利能力领域的过程。潘（Poon，2004）从生产商的角度同样认为，产业升级就是从具有低增加值的产品生产向高增加值的产品生产、从劳动密集型生产转换到资本密集型或技术密集型生产的过程。[2] 然而，无论从国家宏观层面研究或是企业微观层面阐释，两者之间都是存在相关关系的。企业要想提高其竞争力，则必须通过不懈的努力获得比较优势，而其所处的产业并不具备静态比较优势；通过不同的方法和路径获得企业竞争力正是宏观层面的

---

① Porter. The competitive advantage of nations [M]. London：Macmillan，1990.

② Poon T. Shuk – Chinci. Beyond the global production networks：a case of further upgrading of Taiwan's information technology industry [J]. International Journal of Technology and Globalisation，2004，1（1）：130 – 144.

企业战略所必须体现的（Lall，2001）。①

（二）产业升级的类别

基于不同的视角，产业升级有不同的理解。从宏观视角分析，产业升级是当资本相对劳动力或者其他资源要素较为充足时，国家发展技术密集型产业相对于劳动密集型产业的比较优势（Porter，1990）。从微观视角分析，产业升级是一个企业从低盈利的劳动密集型经济领域提升到一个较高盈利的资本密集型和技术密集型领域的过程（Gereffi，1999）。国内外学者的研究，主要从产业结构、全球价值链、产业集群及微观角度等视角进行。

1. 产业结构视角

产业结构的分析视角最主要的理论来源是三次产业的划分。而三次产业的理论雏形源自经济学家费希尔（Fisher）。费希尔（Fisher，1935）提出，依据生产活动和加工顺序，可以将国民经济分为三个产业阶段，直接来源于自然界的产品为第一产业阶段，对产品进行生产和加工的部门为第二产业阶段，其他的归结为第三产业阶段。② 之后，克拉克（Clark）延续了费希尔（Fisher）的研究，并于 1940 年在《经济进步的条件》（The conditions of Economic Progress）一书中给出了三次产业的明确定义，指出农业为第一产业，制造业是第二产业，服务业是第三产业。③ 产业结构的调整，即资源如何在三个产业间分配。李江帆（2003）则认为，产业结构升级或高度化，不仅指第三产业占比的提高，更重要的是第三产业内部结构的调整和升级。④

2. 全球价值链视角

随着杰里菲（Gereffi，1999）正式提出全球价值链（GVC）的概念，众多学者将其与国际分工、产业转移等结合融入产业升级的研究中，指出产业升级是从全球价值链低端向高端攀升的过程，如图 3.1 所示。在此基础上，可以将产业升级分为四种类型：产品升级、技术升级、功能

---

① Lall. What "Competitiveness" Is and Why It Is Important. Competitiveness, technology and skills, 2001: 1 – 30.

② Fisher A. R. The clash of progress and security. London: Macmillan Press, 1935.

③ Clark C. The Conditions of Economic Progress. London: Macmillan Press, 1940.

④ 李江帆，曾国军. 中国第三产业内部结构升级趋势分析. 中国工业经济，2003（3）：34 – 39.

升级以及产业链上的升级（Humphrey，2002）。[①] 张耀辉（2002）、王缉慈（2007）指出，产业升级其实是一个替代的过程，高附加值、高技术替代低附加值、低技术的过程。在不同发展水平的国家，产业价值链的参与主体不同，实力也不相同，从而导致了不同的升级模式（张雄，2009）。冯艳丽（2009）、徐明华等（2010）则认为，产业升级是一个互动结果，这种互动可以发生在价值链上，也可以发生在不同价值链之间。如图 3.1 所示。

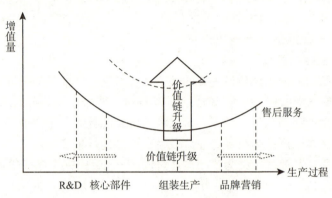

图 3.1　价值链升级示意

资料来源：作者根据相关文献整理绘制。

3. 产业集群视角

基于马歇尔和韦伯（Marshall，Weber）的集群理论，企业的空间集群现象引起了学者们的极大关注。集群使得创新技术可以在更加广阔的范围内传播。从促进创新的层面看，集群可以实现技术、信息等的自由扩散，同时也可以保证隐性知识的传播，而这些资源都是升级的基础要素（王缉慈等，2001）。[②] 梁小萌（2001）指出，产业集群是实现创新升级的有效路径，集群可以同时带来内部规模经济和外部规模经济。[③] 产业集群不仅带来了实物资源的集聚，更重要的是带来了抽象资源——关系的集聚，基于关系的资源共享和协同创新是产业升级的关键促进因素（后小仙，余

---

①　Humphrey. How Dose Insertion in Global Value Chains Affect Upgrading in Industrial Clusters? Regional Studies，2002，36（9）：17 – 27.

②　王缉慈等．创新的空间——企业集群与区域发展．北京大学出版社，2001：117 – 125.

③　梁小萌．从政策开放到规则开放——加入 WTO 后中国对外开放的模式转变．探求，2001（6）：18 – 21.

瑞，2010）。①

4. 企业微观视角

产业升级的本质，可以细分为企业个体层面的升级，而企业个体层面的升级源于创新，而创新源于企业家能力或者管理者引入新的技术、要素或者产品等（Schumpeter，1990）。② 杰尔菲（Gereffi，1999）通过分析服装企业的纵向发展情况，发现企业经历了从组装（OEA）到委托加工（OEM），然后到设计加工（ODM），最终达到拥有自主品牌并生产（OBM）的升级过程。企业升级为产业升级开启了微观研究路径（Poon，2004）。卡普林斯基（Kaplinsky，2005）指出，创新是企业实现升级的最基本途径，在总结杰尔菲等学者观点的基础上，将企业升级分为四种路径：产品升级、工艺升级、功能升级以及在产业链上的升级。③

第二节 产业结构升级的路径理论

根据国内外学者的研究，产业结构升级的路径理论从不同角度可以分为不同的理论。从理论发展时间的角度分析，所涵盖的理论具体包括经济增长的效率驱动论、经济发展的结构干预论、比较利益论；根据国内外学者的研究角度分析，所涵盖的相关理论包括纳克斯（Nurkse）的贫困恶性循环论、路易斯（Lewis）的二元经济结构理论、罗丹（Rodan）的大推进理论、赫希曼（Hirschman）的不平衡增长理论、赤松要的雁形形态论等。

■ 一、经济增长的生产效率驱动论

产业区所涵盖的不同主题，由于其所处的状态和环境不同，其自身所掌握的资源也不同，因此，其对环境变化承载的能力也不同，进而影响产业结构转型的方向，国家经济形成多元化的产业结构。因此，国内外也形成了针对不同产业结构发展的多元化理论结构，本节对产业结构演化的相

---

① 后小仙，余瑞. 基于合作伙伴关系的产学研联盟利益分配机制分析——以安徽为例. 商业经济，2010，21：26 – 28.

② 约瑟夫·熊彼特. 经济发展理论. 何畏，易家祥等译. 商务印书馆，1990.

③ Kaplinsky. Globalization and Upgrading: What Can (and Cannot) be Learnt from International Trade Statistics in the Wood Furniture Sector? Industrial and Corporate Change, 2005, 14 (4): 679 – 703.

关学者的研究理论进行梳理，为产业结构升级路径的选择提供了理论借鉴和参考。至 20 世纪 70 年代，现行工业化国家伴随着工业革命，其经济快速增长，以威廉·配第（William Petty）、科林·克拉克（Colin Clark）、西蒙·库兹涅茨（Simon Kugnets）、H. 钱纳里（H. Chenery）、S. 鲁宾逊（S. Robinson）、M. 赛尔昆等（M. Syrquin et al.）为代表的多位经济学家借助经济数据研究发现经济增长与产业结构之间的关系。

（一）17 世纪威廉·配第论

早在 17 世纪，英国经济学家威廉·配第通过国家经济数据分析发现，制造业的收益要高于农业，商业的收益又高于制造业，因此，不同产业之间的相对收入差异，驱动了劳动力在不同产业之间的转移，而收入差异又是由劳动生产率引起的，因此，经济增长的最终驱动因素为劳动生产率，确定了劳动生产率是驱动经济增长的根本机制。[①]

威廉·配第在其代表作《政治算术》中分析指出，根据收入或附加值的高低进行排序，从高到低的产业顺序依次为第三产业、第二产业和第一产业。同时还发现，由于产业结构不同，世界各国的国民收入水平存在很大差异，各国的经济发展阶段也不同。[②]

（二）20 世纪 30～40 年代克拉克理论和费希尔理论

费希尔（Fisher，1935）提出三次产业论，[③] 根据社会生产活动历史发展和对劳动对象进行加工的顺序将国民经济部门划分为三次产业：第一产业为"产品直接取自自然界的部门"，第二产业为"初级产品进行再加工的部门"，第三产业为"为生产和消费提供各种服务的部门"。克拉克（Clark，1940）根据费希尔（Fisher）对产业类别的划分，运用国家经济数据进一步研究发现，随着全社会国民收入人均水平的提高，会出现劳动力从第一产业向第二产业转移，从第二产业向第三产业转移，即在第一产业的劳动力比重逐渐下降，而第二产业和第三产业的劳动力比重则逐渐上升，进而形成克拉克的经济发展阶段说。[④]

同时，克拉克在其《经济进步的诸条件》一书中，还提出各国经济发展的阶段论，即以农业为主的低开发阶段、以制造业为主的经济社会阶

---

①② ［英］威廉·配第著. 政治算术. 陈冬野译. 商务印书馆，2014.
③ Fisher A. R. The clash of progress and security. London：Macmillan Press，1935.
④ Clark C. The Conditions of Economic Progress. . London：Macmillan Press，1940.

段、商业和服务业迅速发展的经济社会阶段。此阶段理论与威廉·配第论的国民收入理论是相互印证的。

(三) 20 世纪 50～70 年代西蒙·库兹涅茨论

西蒙·库兹涅茨（Simon Kugnets）在其研究中发现，经济周期只限于循环出现，而不是许多经济活动中同时出现的定期的扩张或收缩，经济周期可能为 5～6 年，也可能是 10～12 年，是一个长期的发展趋势。库兹涅茨提出了现代经济增长相互关联的六个方面，按照重要性程度划分为：第一，总产量和人口的快速增加；第二，生产效率的增长率；第三，经济结构从农业生产占主导地位向制造业和服务业占主导地位的转变；第四，社会结构和思维方式的转变；第五，通信和运输技术的改变引起的国家之间的相互依赖；第六，世界经济中的分化现象。库兹涅茨的六关联论，也说明了经济增长的生产效率推动论。①

(四) 20 世纪 50～70 年代钱纳里论

H. B. 钱纳里（H. B. Chenery）、S. 鲁宾逊（S. Robinson）和 M. 赛尔昆（M. Syrquin）在其合著的《工业化和经济增长的比较研究》一书中，在克拉克和库兹涅茨研究的基础上，将研究领域进一步扩展到新兴工业化国家中，提出并完善了"发展模式"的理论和方法。② 钱纳里和赛尔昆合著的《发展的型式：1950～1970》一书中指出，根据统计分析，整理出经济发展不同阶段产业结构的标准，以此判断一国经济发展过程中产业结构的演变是否合理与正常，同时钱纳里在其《产业增长的模式》一文中，考察了制造业内部结构变动的规律性。

钱纳里考察了发达国家制造业结构的转换及制造业转换的原因，研究发现，发达国家制造业的发展受人均 GDP、需求规模和投资效率的影响较大，基于此，将制造业的发展分为三个时期：经济发展的初期、中期和后期，经济发展初期起主要作用的是，制造业形成的初期产业（如食品、纺织等）、经济发展中期起主要作用的是制造业形成的中期产业（如非金属矿产品、橡胶产品等）、经济发展后期起主要作用的是，制造业形成的后期产业（如服装产业、日用品产业等），不同时期的产业具有不同的产业

① ［美］西蒙·库兹涅茨著. 各国的经济增长. 常勋等译. 商务印书馆, 1999.
② ［美］H. 钱纳里，［美］S. 鲁宾逊，［以］M. 赛尔昆著. 工业化和经济增长的比较研究. 吴奇等译. 上海三联书店, 1989.

特点，形成"钱纳里工业化阶段理论"。①

■ 二、经济增长阶段与产业结构适应论

（一）罗斯托经济增长论

以 W. W. 罗斯托为代表的经济增长阶段论，认为经济增长的阶段与产业结构是相互适应的，② 产业结构是构成经济增长阶段的重要标志。③罗斯托将经济发展阶段分为六个阶段：第一阶段是"传统社会"阶段；第二阶段是"起飞"创造前提阶段；第三阶段是"起飞阶段"；第四阶段是"向成熟推进阶段"；第五阶段是"高额群众消费阶段"；第六阶段是"追求生活质量阶段"。经济增长是主导部门依次更替的结果，主导部门发展顺序难以轻易变更，部门更替推动国家经济从低级到高级的发展过程，部门更替根植于现代技术所提供的生产函数的累积扩散之中。④

（二）丹尼森经济增长论

产业结构变化是经济增长的重要因素，根据丹尼森对 1948～1969年美国实际增长率的计算，各因素对总体经济增长的贡献程度不同，依次为知识、完成的工作量、资本存量的增长、教育、资源配置的改进等。⑤⑥

（三）中国学者的观点

在产业结构系统发展的不同阶段，各个产业的发展速度和对经济的贡献有所不同。在经济发展的一定阶段，一些产业发展迅速，对经济的贡献很大，在经济增长中起到关键性的"领头羊"作用，这样的产业被称为经济的主导产业。创新会导致技术提高，创造新的生产函数，提高生产率，同时新的市场需求会使该产业不断扩张，带动其他产业的发展，对整个产

① ［美］霍利斯·钱纳里，［以］莫伊思·赛尔昆著. 发展的型式：1950～1970. 李新华等译. 经济科学出版社，1988.
②④ ［美］W. W. 罗斯托著. 经济成长阶段. 国际关系研究编辑室译. 商务印书馆，1962.
③ 刘健. 论中国产业结构升级. 中共中央党校博士学位论文，1999.
⑤ 林业，孙伟化. 中国经济增长论. 黑龙江人民出版社，1992.
⑥ 刘健. 论中国产业结构升级. 中共中央党校博士学位论文，1999.

业结构具有引导作用。在经济发展的过程中，许多产业也会因经济处于扩张期而拥有高增长率，但是这些产业的增长是因为经济扩张等因素引起的，高增长率在长期内不会维持，故只有那些因导入创新并创造了新的市场需求的产业才会持续地维持高增长率。①

■ 三、投资与产业结构理论

（一）赫希曼的不平衡增长理论

不平衡增长理论是非均衡增长论的理论之一，是由美国经济学家阿尔伯特·赫希曼（Albert Hirschman）在其《经济发展战略》一书中提出的，其核心内容主要包括"引致投资最大化"原理、"联系效应"理论和优先发展"进口替代工业"原则等三个核心内容。赫希曼主要发展某一类或几类有带动作用的部门，通过这几类部门的发展，带动其他部门的发展。发展是从主导部门通向其他部门，不发达地区的发展战略就是选择若干战略部门投资，创造发展机会。②

赫希曼认为，发展中国家投资资金不足，投资应集中于"前向联系"和"后向联系"效应强的部门，由效应强的部门带动其他部门的共同发展。此理论注意到发展中国家经济基础薄弱的现实，但忽略了各部门协调发展，并强调主导产业的发展会导致其他部门发展不足从而制约主导产业的发展。③ 赫希曼的不平衡增长理论与罗丹的平衡增长理论是相互补充、相互印证的。

（二）罗丹的"大推进理论"

大推进理论是由奥地利经济学家保罗·罗森斯坦-罗丹（Paul Rosenstein - Rodan）（1943）提出的，是平衡增长理论的重要理论之一，也是平衡增长理论的先驱，是其代表性理论。该理论的核心是发展中国家或地区对国民经济的各个部门同时进行大规模投资，以促进这些部门的平均增长，从而推动整个国民经济的高速增长和全面发展。

大推进理论是建立在生产函数、需求和储蓄供给的三个"不可分性"

---

① 张明. 产业升级与经济增长理论研究. 山西财经大学博士学位论文，2013.
②③ ［美］A. O. 赫希曼著. 经济发展战略. 潘照东，曹征海译. 经济科学出版社，1991.

的基础上，罗丹认为投入过程中的不可分性能增加收益，并对提高资金产出有比较大的作用；一个国家或地区各产业是相互关联互补的，彼此都在为对方提供要素投入的能力和需求市场的容量，同时发展中国家面临着人均国民收入较低、居民储蓄低下的困境。然而投资需要大量的储蓄，因此，要提高储蓄，就必须提高居民收入，使边际储蓄率高于平均储蓄率，否则会使投资受到限制。

国家的发展是基于均衡投资，基于不发达国家的情况，罗丹提出，为了平衡投资，需吸引外国资金，国家公共基础设施与工业、农业等设施间应均衡发展，国家公共基础设施是国家各部门设施投资的基础，同时各部门之间是相互补充、相互促进的，不能单独发展某一个部门或某几个部门，各部门之间应均衡发展，以更好地促进国家经济的发展。

（三）纳克斯的"贫困恶性循环理论"

"贫困恶性循环理论"是 1953 年由哥伦比亚大学罗格纳·纳克斯（Regnar Nurkse）在《不发达国家的资本形成》一书中提出的，该理论指出，资本匮乏是阻碍发展中国家的关键因素，由于发展中国家的人均收入水平低，投资资金和产品需求资金不足，限制了国家资本的形成。在供给方面，形成"低收入—低储蓄和低消费能力—投资不足—资本不足—生产规模难以扩大—生产率低—低产出和低收入"的恶性循环；在需求方面，形成"低收入—低购买力—低投资引诱—低资本形成—低生产率—低产出—低收入"的恶性循环。

第三节　产业升级的影响因素[①]

■ 一、需求因素

需求在产业升级的方向上起着关键性的作用。人们随着生活质量的提

---

① 宋妮娜．区域创新网络的外部性形成机制与产业升级．天津财经大学硕士学位论文，2014.

高，从对农产品的大量需求转向对工业制成品的需求。社会劳动的专业化分工，提高了交易成本，带动了服务业的发展。尤其在工业化和城镇化迅速推进的发展中国家，将会释放大量的投资需求和消费需求，进而推动本国经济持续、稳定地增长。根据一些来自发达国家的发展经验，出口量在早期将会成为直接推动本国产业升级的动力，可见，外国对本国产品的需求同样会刺激本国产业的升级。在过去的 30 多年中，中国经济能保持如此快速的发展，与采取各种鼓励出口的重大政策来扩大外部需求有直接紧密的关系。

■ 二、供给因素

供给因素可直接推动产业升级，为升级提供基础。这些供给因素主要包括自然资源、资金流量、人力资本、中间品的供应能力、基础设施供应水平。

自然资源对产业升级有直接的影响，直接推动产业的升级，主要包括自然地理环境、区位条件等。虽然，自然资源对产业升级的影响随着技术水平的不断提高而降低，但是其所带来的消极影响不容忽视。譬如，"资源诅咒"一说，指那些具有资源优势的地区其经济发展速度和能力反而落后于那些资源匮乏的地区。其中的关键原因是凭借资源优势，造成产业结构单一，缺乏支撑其经济持续发展的后备力量。

充足的资金供应量，是产业升级的保证。产业升级过程中，少不了大量的投资，小部分投资用于技术的更新改造，大部分则用来支撑产业的技术研发、技术整合或者技术转移。为了更好地推动产业升级，国家应从税收和体制上作出努力，营造良好的投融资环境，降低政府的管理力度，鼓励企业积极创新，为产业升级提供良好的环境。

人力资本是产业升级的核心，是支撑经济持续发展的源泉。21 世纪是知识经济的时代，社会分工更加精细和专业，工作复杂度越来越高，人力资本的重要性日益突出。发达国家之所以能占据世界产业的顶峰，也正是因为其在人力资本方面拥有绝对优势。发展中国家要想打破现有的产业分工格局，提升人力资本水平是关键，尤其是企业家人力资本。在产业升级过程中，他们是不可缺少的因素。在升级过程中，技术和市场等风险可能会使得升级方向变得模糊，但是，对具有冒险精神的企业家群体，可能是获得丰厚回报的机会。这些现象在正处于转型中的中国会更加突出。

在产业升级过程中一个突出的特征，就是中间产品的数量和种类在不断增加。随着生产的专业化、标准化和模块化的形成，产业链在不断延长，产业前后关联度越来越高，中间产品的生产厂商日益增多。

基础设施是产业升级的前提，是所有产业投入的必备要素。它虽不是推动经济发展的"火车头"，但也是推动其前行的"车轮"。从投入产出表可以看出，每个部门的生产都会用到水、电力、电信等基础设施，交通运输也是商品生产所必须的。有研究表明，交通运输等基础设施的不断完善，可以有效地减少贸易成本，促进产业的聚集，提升产业竞争力。

■ 三、技术创新能力

创新是推动产业升级的中坚力量，创新与产业升级紧密相连。汉弗莱等（Humphrey et al.）提出的四种产业升级方式与联合国工业成长组织（UNDIO，2002）提出的四种创新形式一一对应。从某种意义上说，升级通过创新创造更多的附加价值。而在创新范围内，决定一国或地区产业升级所能达到高度的则是技术创新能力。一项新的技术不仅可以推动新产业的诞生，而且可以对那些不同步于社会发展的原有产业进行改造。一般来说，一项新的技术最先出现在某个企业或行业，然后，通过溢出逐渐扩散至其他企业或行业，最终影响全行业的生产形式和组织形式。例如，具有典型性的信息产业的发展原先是为工业产业的创新提供动力，最终扩展至全部行业；在英美等国家产生并发展，进而在全球范围内掀起信息化的浪潮。也正是这股信息化的浪潮，加快了产业转移以及伴随产业转移的技术转移速度。发展中国家千方百计地引进外商直接投资，通过国际贸易等方式，利用后发优势，不断缩小与发达国家的技术差距，成功地将产业结构从"农业国"转变到了"工业国"。

■ 四、制度因素

资源从生产效率低的部门向生产效率高的部门的流动过程也是产业升级的过程，而现实中，资源的流动并不是自由的，它受到包括体制、宏观调控等各种政策及制度方面因素的约束。事实证明，在各种可优化资源配置的制度中，以市场机制为导向的经济体制是最为有效的，同时成本也是最低的。这些制度不仅要让市场尽可能地发挥作用，严格限制政府的作用边界，而且要建立健全相关法律法规，完善产品和要素市场，重视中介组织的培育等。由于中国正处于产业结构转型过程中，市场不足和市场失灵现象还大量存在，这时政府应该积极填补和增进市场的作用。

第四节　区域创新网络对产业升级的驱动因素[①]

产业升级的本质可以细分为企业个体层面的升级，而企业个体层面的升级源于创新，而创新源于企业家或者管理引入新的技术、要素或者产品等，与此同时，企业之间的交流与互动对创新也有着决定性的作用。[②] 对于各种创新行为来说，区域创新网络是保证创新得以实现的一种新的组织形式。[③] 针对区域创新网络对于地方产业升级的促进作用，学者们从各个角度提出了自己的观点。

区域产业的升级落实到中观层面是该区域一个或者几个创新网络升级的结果，而创新网络的升级是由网络中企业主体升级带动的。一个新技术、新发明、新产品的问世，带来的不仅仅是企业绩效的提高，更为重要的是促进了整个区域乃至国家的发展。

从资源依赖理论的角度分析，单个企业不可能具备生产活动所需要的一切资源，企业个体创新活动无法也不能够脱离于地区的外部环境（Scott，1992），企业无法从内部得到的资源必须从外部获取，而区域创新网络就是这些资源的载体。在网络内，企业与其他企业或者机构建立合作，分享和利用资源，这不仅为企业创新发展提供了物质保障，同时也为企业创新活动降低了成本和风险（Gulati，1999）。

从交易成本理论的角度分析，现在企业的合作已经不再是从前简单的商品买卖交易行为了，合作中还伴随着竞争。企业的这种复杂合作活动导致了交易过程中较高的不确定性，为了尽可能地搜集信息，签约双方将花费较高事前交易成本和事后监督成本（Caves，1983）。而网络组织以其优于市场和企业科层制的构成结构，通过网络关系可以有效地降低企业的交

① 曹田．基于区域创新网络的产业升级研究．天津财经大学硕士学位论文，2014．

② Lundvall. National – System of Innovation：Towards a Theory of Innovation and Interactive Learning. St. Martin's Press，New York，1992．

③ Jones，Oswald. Paths of Innovation：Technological Change in 20th Century America. Journal of Management Studies，2001，38（1）：132 – 135．

易费用,[①] 从而从整体层面减少了产业链条上的不必要费用。区域创新网络随着时间演化,内部企业间的合作逐渐变得密切,基于信任的重复性交易行为将大大减少短期机会主义行为,促进产业和谐快速发展(卢福财,周鹏,2004)。[②]

地区产业的发展源于该产业与地方企业网络的高度融合(Piore,1984),[③] 产业与企业网络的结合体就是一个区域创新网络或者多个区域创新网络,产业区的发展主要依靠的是网络内的信息、技术、知识等的扩散,以及由此带来的外部性(Korno,1999)。此外,制度学派指出,网络内部的创新活动和创新方式是靠制度来支撑的(Nelson,1993),[④] 着重强调制度创新在区域产业升级分析中的重要性。

通过以上梳理可以发现,区域创新网络本身有着复杂的组成结构,网络内外部流动着升级所需的各种要素。因此,资源、知识、技术、制度、外部性等要素都会对这一区域的产业升级产生促进作用,基于企业微观视角的区域性产业升级受到以上因素的多重驱动。本章以区域创新网络作为分析边界,将驱动因素分为内部驱动因素和外部驱动因素。

■ 一、资源共享驱动

资源一词在不同研究领域有着不同的划分,本章的资源涵义以经济学中的资源界定为基础,即可以被企业或者社会直接使用或者间接使用,并产生效应的东西,可以指有形的资金、物质、设备等资源,也可以表示为知识、人力、技术、信息等无形的资源。

创新网络的演化,可以视为产业不断升级和完善的过程,而演化的过程就是网络内各主体不断结网和磨合的过程(盖文启,2002)。[⑤] 单个企业不可能具备生产活动所需要的一切资源,企业无法从内部得到的资源必须从外部获取,而区域创新网络就是这些资源的载体(Scott,1992)。区域创新网络内部具有创新活动所需要的各种资源,企业可以通畅地共享先

---

① Yamin. Understanding "Strategic Alliances": The Limits of Transaction Cost Econmics. Technological. collaboration: The dynamics of cooperation in industrial innovation, 1996: 165 – 179.

② 卢福财,周鹏. 外部网络化与企业组织创新. 中国工业经济,2004(2): 101 – 106.

③ Piore M. J., Sabel C. F. The second industrial divides. New York: Basic Books, 1984.

④ Nelson. Technical Innovation and National Systems. National innovation systems: A comparative analysis, 1993: 3 – 21.

⑤ 盖文启. 创新网络——区域发展新思维. 北京大学出版社,2002: 50 – 62.

进设备和技术，从而带动整个地区的发展（王大洲，2001）。① 在网络内，企业与其他企业或者机构建立合作，分享和利用资源，不仅为企业创新活动提供了物质保障、降低了成本和风险，也促进了这一区域的产业升级（Gulati，1999）。资源驱动对产业升级的驱动作用，主要表现在以下几个方面。

（一）网络内部知识资源

在区域创新网络中，各主体之间的沟通与交流互动是知识资源得以流动的基本方式，无论是技术还是信息，只有通过动态流动才能被企业获取。区域创新网络中流动着丰富的知识资源，按其传播的方式可分为显性知识和隐性知识，其中，隐性知识是不易表达和传播的，但对区域内的企业来说，隐性知识是技术创新的主要来源（Nonaka，Konno，1998）。② 区域内大部分有价值的技术、信息都是隐性知识，这类知识具有高度的区域性、专有性、排他性以及经验性，通常表现为一种技术上的诀窍、经验，社会中的关系资源，或者组织管理上的技巧等。如果没有共同的背景和信任机制，隐性知识将难以获得。

在区域创新网络内部，由于企业在地理上接近，有着共同的文化背景，并且在某些企业之间还存在基于信任的合作关系，这些使得隐性知识可以在区域内扩散。产业链上的知识共享是创新最主要的来源（Lundvan，1988），企业不仅可以获得产业链上游供应商和下游客户的相关信息，更重要的是可以知晓自己所在行业的发展情况以及技术的更新信息。信息、技术在区域内以网状形式辐射传播，知识的溢出效应给企业带来了外部性（P. Krugman，2002），从而带动网络整体的发展，形成该产业独特的区域技术优势。然而，由于知识的溢出效应随着距离的增加而减小，因此，区域外的企业享受不到这样显著的利益（刘乃全，2000）。③ 随着技术的日积月累和改革创新的不断完善，区域内逐步形成共同的行业技术标准，突变性创新和渐进式创新交替进行，企业带来的不仅仅是自身规模的扩大，更重要的是带动了整个区域产业的突破性发展和升级。

（二）区域性人力资源

人力资源是地区产业的发展乃至整个国家发展的重要支撑力量。一个

①　王大洲. 企业创新网络的进化与治理：一个文献综述. 科研管理，2001（5）：96 – 103.

②　Nonaka，Kona. The Concept of "Ba"：Building a Foundation for Knowledge Creation. California Management Review，1998，40（3）：40 – 54.

③　刘乃全. 区域经济理论的新发展. 外国经济与管理，2000（9）：17 – 21.

区域要想实现产业升级，实现企业从低附加值、低技术的劳动密集型经济领域上升到高附加值、高技术的资本和技术密集型经济领域，关键性的人才供给是最基本的保障（张杰，刘志彪，2007）。① 区域创新网络是一个由多主体构成的复杂系统，其中的大学以及科研机构可以为产业区内的企业提供各种类型的人才，无论是专业型技术人才，还是管理型人才；还可以从区域内的竞争企业或者上下游企业挖掘重点人才，由于这些人才本身就处于同一个网络，他们对业务和环境较为熟悉，企业因此也可以省去培训环节。

（三）区域性物质资源

大多数企业选择集聚的初始原因，是为了节约交易过程中的各种成本，如搜寻成本、运输成本等。区域创新网络中产业链上下游的各类企业不必再为寻找合适的原材料、半成品等花费额外的支出，区域内的上游企业就可以满足这些供应，同时其他企业还可以满足该企业对于其他一些互补产品的需求。此外，区域内的企业间、企业与科研机构间可以共同购买研发设备，共享研发成果，这种合作无形之中就减少了单个企业的设备投入，使得企业有更多自由调度的资金，从而致力于自身的发展。

（四）网络内部金融资源

金融资源可以说是企业得以运转的最基本资源，企业进行一切经济活动、研发创新都离不开资金的支持。区域创新网络内部的金融机构，如银行、保险公司等，它们为区域内的中小企业提供优惠贷款和其他有价证券等。区域内的政府部门也为鼓励创新制定相关政策，如设立创业基金、投资基金，同时，对于科技创新型企业制定相关税收优惠等。这些都有效地缓解了中小企业融资难的问题，为整个区域的产业升级起了重要的推动作用。

二、网络创新驱动

创新是经济发展的核心（熊彼特，1912），对技术变革起决定性作用

---

① 张杰，刘志彪，郑江淮. 中国制造业企业创新活动的关键影响因素研究——基于江苏省制造业企业问卷的分析. 管理世界，2007（6）：64-74.

（Solow，1956），① 是生产率的增长源泉（Joseph，Stiglitz，1993）。当一个国家或者地区的经济增长是建立在创新的基础上时，该种经济增长方式可称为集约型增长，集约型增长不仅可以带来经济飞速发展，更重要的是能够实现该地区产业的突破和升级。企业是创新活动的主体，其自身的创新行为不仅带来企业规模的扩大，而且驱动了区域产业的升级和完善，提升了整个区域的竞争力。

在产业发展过程中，锁定效应和路径依赖是造成产业停滞不前的根本原因（Gmbher，1998）。而在创新网络中，企业与企业间、企业与机构间有着动态的联系与合作，这种联系与合作实际上是一种相互学习和创新的过程（Hagedoom，Dusters，2002）。区域创新网络内部资源丰富，企业可以获取创新所需要的新技术、新工艺，从而增强自身的创新能力（Chris Hendry，James Brown，2010）。② 区域网络有着复杂的组成结构，有的是创新的直接源泉，而有的则间接地影响创新活动的开展，因此，企业也应该与区域内创新非直接相关的组织保持联系（Amin，2011）。③ 区域创新网络对产业升级的创新驱动效应是多方面的，但究其本源是区域网络这一组织形态可以促进创新活动的开展，而创新则是区域产业实现升级的最佳路径。

（一）合作中的创新驱动

合作是区域创新网络中最普遍的联系方式，合作可以促进创新活动更高效地完成。在网络内，企业与企业之间、企业与科研机构之间建立合作，稀缺性是创新资源的基本属性，对于一些昂贵的研发设备或者专用性非常强的资产可以采取共同购买、共同使用、共享成果的方式，不仅保证了创新的顺利高效进行，也为企业的创新活动降低了成本（Gulati，1999）。从任务的复杂性视角分析，创新活动具有复杂性，复杂性这一特点是由任务自身的属性决定的（Rob，2005）。④ 若

---

① Robert M. Solow. A Contribution to the Theory of Economic Growth. Quarterly Journal of Economics，1956，70（1）：65 - 94.

② Hendry Chris，Harborne Paul & Brown James. So What Do Innovating Companies Really Get from Publicly Funded Demonstration Projects and Trials? Innovation Lessons from Solar Photovoltaic's and Wind. Energy Policy，2010，38（8）：4507 - 4519.

③ Amin. Supplier and order allocation based on fuzzy SWOT analysis and fuzzy linear programming. Expert Systems with Applications，2011，38（1）：334 - 342.

④ Nadolski Rob J. Development of an Instrument for Measuring the Complexity of Learning Tasks. Educational Research and Evaluation，2005，11（1）：1 - 27.

企业仅凭自身的个体力量进行创新，将面临巨大的不确定性风险，而这一风险仅靠单个企业是难以负荷的，也是大多数企业畏惧创新的主要原因。企业必须整合和利用各种联系，寻求外部合作，分担不确定性风险，共享创新成果，才能减少因创新带来的成本和风险（Gulati，1999）。

在区域创新网络中，来自多方的合作可以从各个方面促进创新。为了便于分析，本章按照合作方与企业的关系，分以下三种类型进行探讨。

1. 产业链上下游企业间的合作能够促进创新

企业与产业链上游供应商、下游客户的这种纵向合作关系，有助于企业发掘创新目标。首先，区域上的临近，使得企业与供应商能够更便利地沟通。企业可以及时将自己对于设备、原料、零件的需求反馈给供应商，使其按照要求进行精细化、专业化、定制化生产；同时，供应商也可以向企业提供最新的设备、零件信息和样本，方便企业进行产品的改进和完善。其次，企业与下游客户的紧密联系，有助于企业进行更高效地创新。下游客户通常更了解产品的性能，通过代理销售或者自己使用客户可以将对新产品或者新功能的要求和指标等反馈给企业，企业利用这些反馈信息改进原有产品或者开发新产品，从而推动创新活动。同时，下游的代理商根据日常的销售情况也可以为企业提供相关的市场信息，例如，企业可以通过代理商获知产品的销售使用情况，通过分析竞争对手的销售量和市场大致需求情况，企业可以进行有选择的产品创新，从而提高创新的成功率。

2. 横向企业间的学习效应促进创新

在区域创新网络内，横向企业间的关系已经不再是单纯的竞争关系，而是竞合关系，即竞争中包含合作。根据经济学中"外部性"的概念，[①]网络中的创新活动具有"正外部性"，即企业通过新技术、新产品的成功创造，不仅可以促进自身的发展，更为重要的是将带动整个区域网络的创新水平，通过学习效应，网络内的其他企业也将从中获益。

在网络内，学习效应是知识溢出的途径之一。具有横向关系的企业在位置上非常靠近，并且某些横向企业间还有诸如共同研发、共同做项目等方式的合作关系，这些都为企业间的相互学习创造了条件。在日常交流互

---

① Marshall L. C. Incentive and output：a statement of the place of the personnel manager in modern industry. Journal of Political Economy，1920，28：713－734.

动中，企业不仅可以学习标杆企业先进的技术、工艺等与创新直接相关的知识，还可以获取关于管理、组织等与创新间接联系的知识。

3. 与其他主体的合作促进创新

创新网络内的科研机构、大学等是知识的源泉，它们不仅能为企业的创新活动提供知识，而且可以为区域内的企业提供各种各样的人才资源。企业的财力、人力、物力是有限的，不可能面面俱到地拥有创新活动所需要的一切设备、人员，因此，企业可与研究机构、高等院校等合作，无论采取完全的技术外包还是共同开发，都将减少企业创新面临的成本和风险。此外，频繁地与科研机构、高校等主体合作，会使得企业与这些主体间的合作关系更加信任、紧密、牢固，无形之中就会增加彼此的互动与交流，从而促进隐性知识流入企业。

区域内的政府部门、金融机构、中介机构等是创新活动的辅助主体。在促进创新方面，地方政府可以制定相关政策，如设立创业基金、投资基金，为科技创新型企业制定相关税收优惠等。同时，政府部门可以利用自身的管理优势在区域内建立公共研发平台和创新孵化器，从而促进区域整体创新。金融机构、银行等主要为企业创新提供资金支持，可以为区域内的企业提供比区域外更加优惠的贷款服务；而诸如会计、律师事务所等中介机构则为企业提供更加专业化的服务。

（二）竞争中的创新驱动

区域创新网络内不仅存在广泛合作，也存在激烈的竞争。企业在区域中集聚、加强交流和互动的同时，也加剧了企业间的模仿竞争，而这正是提高产业区内企业创新能力最重要的两种方式（吴结兵，蔡宁，2007）。[1]

在区域创新网络内，因为产业链上生产相同产品的企业相互聚集，因此，不同企业的产品价格、质量等会有相互比较，产生优胜劣汰，所以，企业面临激烈的竞争，激励与压力并存。要想保持优势、长久经营，企业不得不进行创新，学习新技术、新工艺、新方法。

在创新网络中，竞争中创新驱动主要表现为模仿性学习。其中，模仿的客体是区域内同行业竞争者溢出的知识以及信息，具体的模仿形式可分为非正式的观察以及逆向推演。在网络内，企业在空间上距离很近，因此，新产品、新工艺、新技术等相关的创新行为非常容易被同行业其他企

---

[1] 吴结兵，蔡宁．产业集群理论述评——从三个角度看集群理论的融合与发展．重庆大学学报（社会科学版），2007（6）：16－21．

业知晓。所以，在区域内竞争者间有关创新的信息是流动的，企业通过以观察为基础的模仿性学习，将工艺、技术、流程等引入自己的企业，从而提升生产效率。对于创新产品，企业可以采用逆向推演的方式逐步尝试、逐步分解、逐步研究，以期达到行业水平。区域内的模仿性学习是一种非常高效并且隐秘的创新方式。模仿企业可以用相当低成本甚至零成本地获取与所在行业密切相关的产品信息、创新技术等，这也是区域创新网络中知识溢出的重要方式。关于创新的知识体系在整个创新网络中普及时，将有更多企业加入模仿性学习中来，创新将会在整个区域产业中盛行，模仿效应最终将促进区域性产业的升级。

■ 三、区域制度驱动

制度一词在日常生活中有着非常广泛的应用，如政治制度、法律制度、经济制度等。为了便于探讨，本章将"制度"界定为，为了社会发展需要而主动制定的、有组织的规范体系。制度包含的范围非常广，大到国家的制度体系，小到人与人之间的关系准则等。

从构成上看，区域创新网络是由政府、学校、中介机构以及企业构成的复杂系统，而网络内部的创新活动和创新方式是靠制度来支撑的（Nelson，1993）。创新网络必须制定共同认可的制度规范，才能确保网络的有序运行，促进产业的繁荣发展。

（一）区域内政府的管理制度

政府是区域内独立于其他盈利机构的管理方，也是制度的主要制定者和协调者，政府卓有成效的制度管理将促进创新网络高效运转。首先，政府宽松而有力的制度安排能促进区域形成独特的创新文化，文化是区域发展的"软实力（soft power）"，具有深厚的感召力（Joseph Nye，1990）。[①] 政府在区域内大力倡导开放宽松的创新文化，鼓励人才的自由流动和创新，营造和谐的合作氛围，可以使区域内形成一种自发的创新环境。政府可以制定与鼓励创新相关的制度规范。在硬件方面，政府可以在区域内建立公共研发平台和创新孵化器，支持集中性的基础技术研究，同时提供诸如产品测试、大型试验设备、实

---

① Nye J. S. The Changing Nature of World Power. Political Science Quarterly (Academy of Political Science), 1990, 105 (2): 177 – 193.

验室等辅助设施的使用。在项目方面，政府利用自身的管理优势，有选择地引入大型项目，从而带动地区产业升级或者配套产业的发展，从整体上提升区域产业水平。

（二）区域内其他机构的制度支持

政府是区域内制度的主要制定主体，但金融、科研、中介等机构的相关制度规范同样对创新网络的发展起着重要的促进作用。企业进行一切经济活动、研发创新都离不开资金的支持。区域创新网络内部的金融机构，如银行、保险公司等为区域内的中小企业提供优惠贷款和其他有价证券，这些都有效地缓解了中小企业融资难的问题，为整个区域的产业升级起到了重要的推动作用。

为了促进区域共同发展，产业内的科研机构、高等院校可以针对企业制定相对宽松的合作协议。它们与企业不同，这些机构有着丰富的软件师资和硬件设备，在宽松和谐的制度规范下，区域内的企业可以与科研机构共用设备，共享研发成果，这种合作无形之中减少了单个企业设备的资金投入，使得企业节约了自有资金，用这部分资金投入自身的发展。

四、知识获取

在前文探讨资源驱动时，本书将知识界定为能够改变某些人或事的、可条理化的信息集合，包含了通常的技术、信息等形式的资源。该处仍沿用前文的定义，但对知识来源做了限定，本章将"知识获取"界定为来自外部其他区域创新网络的知识。

创新网络内部知识的流动与共享和网络外部知识的获取，对于企业来说是同等重要的，吸收外源知识是实现区域网络从封闭转向开放的重要途径（王能民，汪应洛，2006）。[①] 企业从其他区域创新网络中获取的异质性技术、信息将会和自身拥有的技术、信息发生碰撞，从而加速内外部知识的高度互补和整合，无形之中将激发新知识、新技术，最终加快自身乃至整个区域创新网络的发展。

随着区域创新网络的发展与演化，网络的结构日趋完善，网络内部的各主体也保持着动态的平衡，园区内的企业基本上不会有大的改变。因

---

① 王能民，汪应洛. 集群持续竞争力的培育. 研究与发展管理，2006（4）：33－38，46.

此，当区域网络发展到一定的状态，将会面临"结构锁定"的困境（吴晓波，耿帅，2003）。[1] 此时，尽管网络内部有着高效的信息和技术交流，但因为缺乏外部的沟通与知识获取，网络逐渐将变为封闭、僵化的系统组织，最终将抑制创新网络向高层次演化，从而抑制区域产业的升级。

从长远来看，创新网络外部知识的获取是一个对双方网络都有利的"共赢"行为。知识的独特属性使得知识的扩散和传播具有特殊性，扩散和传播不但没有减少反而增加了知识总量。企业将吸取的外部创新网络的知识与自身已有的内部知识进行整合，将产生新的技术、产品等信息，而这些创新知识同样会再次流入其他创新网络，最终带动创新的循环开展。区域内外部之间的知识获取具有规模效应，最初的小范围知识扩散最终将惠及整个区域。[2] 知识获取大大地提升了知识在网络间的循环利用和创新效率，从而带动整个区域产业的升级发展。

■ 五、模仿学习

通过知识获取，企业可以从其他区域创新网络中获得异质性的技术、信息等知识，因为这些知识通常都是该集群内基本公开的、各成员都知晓的成熟信息、技术，企业获取之后必须在此基础上融合创新才能获得竞争优势。同时，外部创新网络的很多知识是无法直接获取的。例如，隐性知识，但对于新技术、新产品，企业可以采用模仿学习的方式来摸索和突破。在现代社会，竞争已经不再像过去那样，仅仅是单纯的企业间竞争，而是企业所构成的区域网络或者联盟网络间的竞争。因此，模仿学习不仅存在于企业间，也存在于各个网络之间。区域创新网络针对新产品、新技术的模仿和学习，是提高地区产业创新能力最重要的途径（蔡宁，2007）。

在创新网络间，模仿与学习的客体不仅是其他网络组织溢出的知识以及信息，还包括一些好的管理制度、组织方式等。不仅网络内的企业主体要模仿学习新技术、新产品，区域内的其他主体也要参与这种模仿和学习。例如，网络内的政府部门要学习其他网络中好的制度规范和鼓励政策，以便提升自身网络的制度安排；科研机构、高等院校等要学习创新所需要的新技术、新工艺，从而增强自身的创新能力。因此，网络间的这种

---

[1] 吴晓波，耿帅. 区域集群自稔性风险成因分析. 经济地理，2003（6）：726–730.
[2] Bretschger L. Knoledge Diffusion and the Development of Regions. Annals of Regional Science, 1999, 33（3）：251–268.

模仿学习是一种全员参与的行为，彼此学习、相互借鉴，从而在整体上促进自身发展以及产业升级。

鉴于以上分析，区域创新网络对产业升级的驱动因素可表示为，如图 3.2 所示。

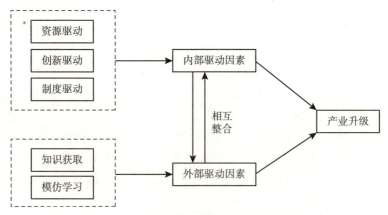

图 3.2 区域创新网络对产业升级的驱动因素

第五节 区域创新网络外部性与产业结构优化①

网络外部性是外部性的一种衍生概念。外部性最早是经济学范畴，当经济中存在无法通过市场反映出来的影响时，被认为市场存在外部性。同时，根据其对经济的正向影响与负向影响，外部性可分为正外部性和负外部性，又称为外部经济和外部不经济。外部性问题在 1890 年由马歇尔的《经济学原理》第四章中提出的"外部经济"这一术语演变而来，马歇尔的"外部经济"是指经济中外在于企业的因素对企业产生的有利影响，如知识增加、技术进步等导致单个企业的成本下降，这种影响对产业是内在的，但对企业是外在的。本章主要介绍了网络外部性的相关概念、类型、市场特征、外部性的形成、区域创新网络外部性对产业升级的影响等内容。

---

① 宋妮娜. 区域创新网络的外部性形成机制与产业升级. 天津财经大学硕士学位论文，2014.

一、网络外部性的内涵、类型与市场特征

(一) 网络外部性的相关概念

1. 外部经济

网络外部性经济理论产生于 20 世纪 70 年代末 80 年代初，是随着信息通信技术革命而产生的一种重要的经济思想。它所关注的是信息通信技术（information and communication technology，ICT）产品不同于其他产品的独特特征——网络外部性，以及对 ICT 产业的市场结构、企业行为与绩效的影响。ICT 产品表现出一种需求方规模经济现象：使用一种产品的人数越多，该产品的效用越大，从而吸引更多的人购买和使用。经济学家把这一类产品价值与用户人数之间存在的正反馈关系，称为"（正）网络外部性"。

一般认为，马歇尔（Marshall，1890）是正式提出外部性概念的学者。马歇尔（Marshall，1890）首次提出了外部经济和内部经济。马歇尔的观点主要有以下两点：第一，随着任何一种产品总产量的增加，一个生产这类产品且具有代表性的企业的规模也会随之增大，进而其内部经济也会增加。第二，随着产品总产量的增加，其所获得的外部经济也会增加，进而和以前相比，它能用更少的劳动投入和成本来生产同等数量的产品。这种分类主要是依据因分工而提高的生产效率是发生在企业内部还是企业间，前者即为内部经济，后者是外部经济。①

网络外部性问题最早是由罗尔夫斯（Rohlfs，1974）进行系统性的研究，他发现"一个用户从通信服务中所获得的效用随着加入这一系统人数的增加而增加"。主流观点倾向于从消费者层面理解网络外部性。1985年，卡茨和沙普尔（Katz，Shapior）给出网络外部性的正式定义，即"随着使用同一产品或服务的用户数量发生变化，每个用户从消费此产品或服务中所获得的效用也发生变化"。著名的"梅特卡夫"法则（Internet 的价值与连接到该网络上的人数的平方成正比），就是网络外部性在网络情况下的具体表现。通俗地讲，网络外部性是指由消费活动产生的一种外部性（消费的双向外部性），它是用户在消费产品中得到的好处，而这个好处并

---

① ［英］阿尔弗雷德·马歇尔著. 经济学原理. 宇琦译. 湖南文艺出版社，2012.

不是由产品本身价值提供的，而是由于别的用户消费同一产品而产生的。

早期网络外部性的研究，主要是技术网络给消费者带来的外部性。从消费者的价值角度来看，网络外部性意味着网络用户获得的价值包括两部分：一部分是产品的独立价值（自有价值），即与网络大小无关的产品本身所具有的价值；另一部分是网络价值（协同价值），即用户从新用户加入中获得的额外价值，由网络大小决定。

网络外部性的研究范围，现已从一般社会经济领域微缩至产业网络内部或者是某一区域网络内部，而非整体范畴。在区域创新网络中，研究网络外部性问题更加注重各网络联节点上的网络主体如何享受到网络外部性带来的红利。

2. 经济福利相关的外部性

亨利·西奇威克（Henry Sidgrwick，1887）在对穆勒"灯塔"问题的持续探究讨论上，初步体现出对外部性的认识。他认为，在某些情况下，人们常会在没有任何货币成本或者精神成本的补偿下，额外承担那些由他人行为而产生的后果。虽没有明确地提出外部性，但亨利·西奇威克已经意识到，在自由经济中，个人所付出的劳务和因劳务付出而获得的报酬，两者之间并不是对等的关系，两者间的不对等正是外部性的表现。所以，亨利·西奇威克为外部性问题研究的奠基者之一。其后，众多学者对外部性进行了深入研究。

庇古（Pigou，1920）从社会福利的角度，分析了外部性问题的形成原因，并在此基础上提出了解决此类问题的策略。他提出了社会边际成本（SMC）、私人边际成本（PMC）、边际社会纯产值和边际私人纯产值等概念，并将此作为理论分析工具，自此静态技术外部性的理论基本形成。在庇古看来，因为边际社会纯产值不同于边际私人纯产值，市场并不是万能的，两者之间的差异使得新古典经济学中提到的纯粹靠市场运作来配置资源使其达到最优是不可能的。在实际社会中，并非任何时候，私人边际收益（PMR）都等于社会边际收益（SMR）、私人边际成本（PMC）都等于社会边际成本（SMC）。庇古采用交通、灯塔、污染等经济社会中的例子来说明外部性的存在，他认为政府通过税收或给予补贴的方式可以有效地解决外部性的问题。自此，"庇古税"得到了广泛应用，成为政府干预社会经济、消除在经济活动中广泛存在的外部性的有力措施。[①]

---

① ［英］A. C. 庇古著. 福利经济学. 朱泱，张胜纪，吴良健译. 商务印书馆，2006.

3. 产权界定和交易成本与外部性

科斯（Coase，1960）从产权界定和交易成本的视角来解决外部性问题，科斯（Coase）认为，产权的初始界定至关重要，关乎能否有效地解决外部性的问题。① 例如，对于造纸厂与养鱼场河水污染的问题，如果法律明文规定养鱼场有权不受河水污染，那么，造纸厂要想继续维持生存，就不得不给养鱼场适当补偿。在交易成本为零的情况下，最优的资源配置方案都能够通过双方多轮的谈判和协商产生，而无论初始的权利是给予了造纸厂还是养鱼场，无须通过征收"庇古税"来实现。在交易成本不为零的时候，不同的政策手段对应不同的社会总福利和资源的配置效率。这时，通过对其收益与成本进行比较权衡，交易成本最低的政策手段就是最优的。如在界定产权初始分配的制度下，确定产权交易方案后，造纸厂与养鱼场就可以通过反复谈判、协商签订交易合约，并监督合约的执行，如果对方出现违约的情况，就通过仲裁或聘请律师的方式进行诉讼，其中的费用构成了交易成本。然后，通过将征收"庇古税"方案的交易成本与上述交易成本进行比较，则可确定最优方案。科斯定理可总结为，在交易成本为零的情况下，无论初始权利如何分配，交易双方通过自愿协商和市场交易都可以达到自愿的最优配置；当交易成本不为零时，则通过权衡各种政策手段的成本—收益，来确定最优的资源配置方案。德姆塞茨（Demsetz，1967）认同科斯的观点认为，外部性可以在产权明确的前提下通过双方的自由协商得以内化。此外，他通过逆向推理，认为外部性可以促使产权得以界定，即若存在一种制度可以使因外部性而产生的成本内在化，并且收益大于成本，那么就会使产权得以界定并实施。②

此外，阿温·杨（1928）将动态的外部经济思想进行了系统阐述。鲍莫尔（Baumol，1952）在垄断条件下对外部性问题、社会福利与外部性、帕累托效率与外部性等问题做了较系统深入地研究。在这些思想的引导下，外部性理论主要沿着三条路径演进：第一，沿着庇古的研究思想，对如交通拥挤问题、日益严重的环境污染问题、石油和捕鱼区的生产者相互依赖共同联营问题等外部不经济问题进行了深入探讨。第二，提出了众多针对外部性尤其是外在不经济问题的"内在化"途径，如政府干预、明晰

---

① ［英］罗纳德·H. 科斯. 社会成本问题. 载科斯，诺思等：《财产权利与制度变迁——产权学派与新制度学派译文集》，胡庄君等译，格致出版社，2014.

② ［美］哈罗德·德姆塞茨. 关于产权的理论. 转引自罗卫东主编. 经济学基础文献选读. 浙江大学出版社，2007：259 – 271.

产权等思路。第三，遵循马歇尔（尤其是杨格）动态外部经济的规模经济理论的发展思路。齐普曼（1970）继承了规模经济的思想。罗默（Romer，1986）第一次较为系统地建立了一个竞争性动态均衡模型，此模型具有外部性效应。

4. 区域创新网络的外部性

从上述对外部性和区域创新网络的不同定义可知，外部性就是经济主体的行为对第三方（与其没有交易关系的）所产生的影响。或者说，经济主体的行为对他人造成有利或不利的影响，但是他人并没有因为其行为而付出相应的报酬或者取得相应的补偿，因为该影响所产生的结果事先并未在其交易合同中体现。很显然，事物是普遍联系的，任何经济主体的行为，只要该行为可被观察到，就可能会对其他主体产生影响，产生某种外部性。网络都有一个共同的结构特征，只有在网络内不同组件的共同作用下，网络才能运转并提供最佳服务。区域创新网络特别强调网络内协作交流的重要性，卡佩罗（Capello，1999）指出，区域创新网络内各行为主体间的相互学习、互动，有助于营造一种创新氛围，进而吸引更多的企业集聚，推动产业的持续发展。[①] 汪少华等（2007）认为，区域创新网络的形成是各个参与主体（企业、研究院所、高校、政府等）交互作用的结果。[②] 基于网络自身系统性的特点，所有的网络都具有共同的经济特征，即网络的外部性。这里的网络的外部性特指，由于网络中自身地理区位的特征和企业的产业特征而产生的外部性。

（1）知识溢出。波特、克鲁格曼等认为，创新网络的外部经济性是其自身优势的主要源泉。在区域创新网络外部性中，重要的是知识外溢。知识包含了技术信息、市场供求信息、企业经营经验等。阿罗（Arrow，1962）认为，当企业的一项新的研究成果并不完全被自己所有而是沦为公共品时，就产生了溢出现象。知识溢出是经济外部性的一种表现，指的是在某一范围内，知识在主体毫无意识的情况下流出，使其在不同组织之间进行传播、转移、扩散和获取。知识溢出是单向性的，具有时间滞后的特点。

区域创新网络通过不同经济主体间的相互作用而形成各种非正式的关系网，在这种关系网中，同一经济主体与两个或三个同类型的经济主体有

---

① Capello R. Spatial Transfer of Knowledge in High Technology Milieux：Learning Versus Collective Learning Progress. Regional Studies，1999，33（4）：352－365.

② 汪少华，汪佳蕾. 浙江产业集群高级化演进与区域创新网络研究. 科学学研究，2007（6）：1244－1248.

联系。网络内不同企业的员工经常以非正式的方式频繁接触，为网络内知识的外溢构建了一个重要的传播渠道。拉索（Russo，1985）在对意大利的产业园区进行深入研究后认为，正是因为在网络内产生的知识更容易在网络内流动，而不易在网络外流动也不易跨边界流动，才使得创新活动表现出地理上的集中。其中一个重要原因是，网络内不同企业的员工间的各种非正式的接触形成了知识传递的重要渠道。许萧迪等（2006）认为，知识溢出与企业间的地理距离存在某种函数关系，只有聚集在某个区域创新网络内的企业才可获得在网络内溢出的知识，一旦脱离这个网络群体，就无法享受这种福利。艾伦（Allen，1983）认为，两个属于相互竞争关系的经济主体彼此间通过信息披露的方式所创造的知识的快速积累有助于提高创新率（发明率），而这种知识的快速积累与关系网络内信息交换和循环的频率有密切关系。"硅谷"作为高技术企业网络的代表，其一个重要特点就是，在"硅谷"中鼓励员工个人间的非正式接触，并且存在很多非盈利性的机构经常组织各种活动，把同事、供应商、竞争对手、客户和已离职的同事等聚集起来加强彼此间的关系，进行各种信息的交换。这对"硅谷"维持活力起到了举足轻重的作用。目前，虽然仍存在对区域创新网络内知识的外溢作用持谨慎态度的人，但大多数致力于研究区域创新网络的学者们认为，各种关系网络是网络内进行知识传播的重要渠道。

（2）社会资本的可获取性。由于处于创新网络之中，成员企业很容易从其他成员企业以至于从整个网络中获得进行常规经营活动及创新经营活动所需的社会资本。由于以整个网络可利用的资源为后盾，单个企业的经营能力和创新能力通过网络得到有效地放大，又进一步提高了创新网络的整体优势。社会资本是区域内拥有的无形的生产性资源，是成员间如科研院所、地方政府、中介机构等在长期交互过程中形成的能够促进和创新的各种关系及能力的总和，包括成员间的横向联系、纵向联系和社会联系等。

（3）学习机制。创新网络既是知识网络，又是学习网络。作为一种新兴的创新组织模式，创新网络提供了比其他组织更广阔的学习界面，使学习可以在各个层面、各个环节发生，并通过这种互动合作与协同进化加速知识的积聚、流动、传播和创造的过程，丰富各行为主体的知识获取渠道。企业之间的个体学习容易诱发整个网络的集体学习，大大增强了创新网络的整体实力和对外界的吸引力，引起创新网络在区域内和区域间的扩展。另外，组织学习作为区域创新网络组织的一种社会行为，是构成区域创新网络巩固和发展的战略性要素，也是区域创新网络系统的"核"。组织学习是在组织间互动过程中进行的，但同时又通过学习和效果改善组织间的互动关系，加速创新网络中知识的流动、集成和创造，使得网络的技术创新能力不断提升。

外部性理论的研究，在上述经济学家以及追随者的共同努力下，已经成为现代经济学研究的新热点之一。

（二）网络外部性的类型

根据国内外学者的研究成果，结合本书的研究内容，网络外部性可以分为以下几类：

1. 直接网络外部性和间接网络外部性

卡茨和夏皮罗（Katz, Shapiore, 1985）对网络外部性进行了分类。网络外部性可分为直接网络外部性和间接网络外部性两种。所谓直接网络外部性，是通过消费相同产品的市场主体的数量所导致的直接物理效果而产生的外部性；间接网络外部性是指，随着某一产品使用者数量的增加，该产品的互补产品数量增多、价格降低而产生的价值。

法瑞尔和萨洛纳（Farerll Saloner, 1985）遵循同样的思路更加清晰、准确地界定了直接网络外部性和间接网络外部性。直接网络外部性是指，一个消费者所拥有的产品价值随着另一个消费者对一个与之兼容的产品的购买而增加；间接网络外部性理解为当一种产品的互补品变得更加便宜和容易获得时，这个产品的兼容市场范畴得以扩展，这时出现"市场中介效应"，因为该产品的消费者可得到的价值增多了。[①] 夏皮罗和瓦里安（Shapiore, Varian）对网络外部性进行了更细致的研究，如正反馈、锁定、兼容与标准等。[②]

2. 正网络外部性和负网络外部性

网络外部性，可以分为正网络外部性和负网络外部性。外部性具有正负之分，这是根据外部性的发出者对接受者利益的影响是正面的还是负面的进行分类，这也是外部性的基本分类。正外部性就是在网络内各成员间，一方的行为给另一方带来了利益，如增加了其效用或者减少其成本，但是又无法向其收取相应费用的现象；反之，若其行为给另一方造成了损

---

① Farrell J. , Saloner G. Standardization, Compatibility and Innovation [J]. Rand Journal of Economics, 1985, 16（1）: 70 – 83.

② ［美］卡尔·夏皮罗，［美］哈尔·瓦里安著. 信息规则：网络经济的策略指导. 张帆译. 中国人民大学出版社，2000.

失，但是损失方又无法获得相应的补偿，则为负外部性。假设某经济主体 i 的产出函数为 $Y_i = Af(x_i, Z)$，其中，x_i 代表主体 i 的投入，Z 是主体 i 的某种活动所产生的结果，A 是一个参数。如果 $\partial Y/\partial z > 0$，即 Y_i 与 Z 是同方向变化的，则表示存在正外部性；反之，则表示存在负外部性。在网络外部性中，正网络外部性经常被人们提及和关注，但不可否认，负网络外部性是同样存在的。例如，拥塞就是一种负外部性（Kono，2006；Csorba，2008a，2008b）。

从以上正负外部性的定义中，可对其特点做如下归纳：（1）正外部性从主体到受体的传播，并不通过价格信号得以反映，具有消费的非排他性和不可分割性。（2）增加他人的效用或者减少他人的成本。（3）作为受体的另一经济主体并不需要付出任何费用。在大多数情况下，网络间的互动所产生的外部性非负即正，但是，并不排除有正负外部性并存的情况。如网络中的政府外部性、环境外部性等。

3. 静态外部性和动态外部性

这种分类是将外部性从时间维度上进行划分，是根据经济主体在网络的外部性发生期内，其偏好和所拥有的技术以及这种外部性所产生影响的大小和性质是否因时间的变化而变化所进行的分类。静态外部性强调在一定境况下知识或技术的溢出，而动态外部性则强调这种知识或技术的外溢和积累是否会对产业和经济的增长产生影响。亨德森（Henderson，1995）认为，知识和技术的溢出以及由此产生的外部性是一个变化的、动态的过程。[1] 罗默（Romer，1986）认为，动态外部性尤其是知识溢出可以促进产业增长，是产业增长的根本驱动力。马歇尔 - 阿罗 - 罗默（Marshall - Arrow - Romer，MAR）外部性、波特外部性，强调的是同一产业内企业间彼此互动以及由此产生的知识或技术的溢出而使得企业的生产成本和交易成本降低，进而促进产业增长的外部性。[2] 雅各布斯（Jacobs）外部性，强调的是不同产业间知识外溢以及产业多元化所产生的外部性有助于创新和产业的增长。[3] 此外，雅各布斯和波特（Jacobs，Porter）都强调，高度竞争可以迫使企业加快技术的创新，推动产业升级。[4]

---

① Henderson V., Kuncoro A. & Turner M. Industrial development in Cities. Journal of Political Economy, 1995, 1031: 1067 – 1085.

② Porter M. The Competitive Advantage of Nations. New York. The Free Press, 1990.

③ Jacobs J. The Economy of Cities. New York. Vintage, 1996.

④ Glaeser E. L., Kallal H. D., Scheinkman J. A. & Shleifer A. Growth in cities. The Journal of Political Economy, 1992, 100 (6): 1126 – 1152.

4. 技术外部性与货币外部性

西托夫斯基（Scitovsky，1954）将外部性区分为技术外部性（technological externalities）和货币外部性（pecuniary externalities），划分依据在于判断外部性的产生是否会影响资源的分配，使资源得到充分利用或被浪费，进而影响总产出，实现帕累托最优。货币外部性是由价格体系引起的，通过价格的信号得以反映，并不会对社会总产出产生影响，也不影响资源的分配效率，从而达到帕累托最优均衡。而技术外部性的产生，是由于技术的外溢和扩散，并非通过市场机制而出现，并不能通过价格的变化得以体现。在市场经济中，凡是不能被价格机制所调节的行为，而该行为又在一定程度上影响资源的配置，则这种行为就会使经济难以达到帕累托最优。

5. 生产的外部性和消费的外部性

对外部性理论的研究范围，从 20 世纪 70 年代之后就扩展至消费领域。黄有光（1991）认为，外部性就是由两种经济力量共同作用产生的，所产生的效果并不受市场机制的限制，是附带性的影响，并且这种影响改变了受体的投入产出比的技术关系。外部性有两个基本特征：第一，它们的产生是随着消费活动与生产活动的产生而出现的，是其必然结果；第二，它们的产生所造成的影响非正即负，必居其一。依据这两种基本特征，可将外部性进一步分类为，正消费外部性；正生产外部性；负消费外部性；负生产外部性。

6. 公共外部性与私人外部性

鲍莫尔（Baumol，1985）根据外部性是否可被耗竭，将外部性分为公共外部性、私人外部性。大家知道，区分一件物品是公共物品还是私人物品，在于判断其是否具有如非竞争性、非排他性的特征，如果具备，则为公共物品，否则不是。与此类似，公共外部性具有公共物品的特征，又名不可耗竭的外部性。私人外部性具有私人物品的特征，又名可耗竭的外部性。当存在公共外部性时，外部性的发出体和受体试图通过双方协商来解决是很困难的，而对于私人外部性，通过双方的谈判和协商不失为一种可行的方法。①

7. 帕累托相关的外部性和帕累托不相关的外部性

布坎南和斯特布利宾（Buchanan，Stubblebine，1962）对外部性进行

---

① ［美］威廉·J. 鲍莫尔，艾伦·S. 布林德著．经济学原理与政策．方齐云，姚遂译．北京大学出版社，2006.

这种区分的原因是他们觉得外部性概念不够具体，为了使其变得更加适用，他们根据不同福利的影响对外部性进行了划分。所谓帕累托相关的外部性是指，在收益和成本的权衡下，外部性效应的受体会采取一些方法来克服这种外部性，并且在不会使实施外部性的一方状况变差的条件下，使自己的状况转好。相反，帕累托不相关则说明在收益和成本的权衡下，外部性效应的受体不是不愿意采取一些方法来克服这种外部性，而是因为没有一种方法可以在不会使实施外部性的一方状况变差的条件下，使其状况转好，一旦采取行动，只会适得其反。

（三）网络外部性的市场特征

网络外部性被认为是需求方规模经济，其最重要的特征之一就是网络外部性的影响不通过市场发挥作用，市场机制对产生网络外部性的企业无法进行激励或约束。在网络经济中，网络外部性对经济的影响更为重要。

1. 需求曲线的变化

传统的经济学理论认为，需求曲线向右下方倾斜，消费者对某一商品的需求随着数量的增加而降低，根源在于边际效用递减。网络经济中，需求曲线依然向下倾斜，但是由于网络外部性的存在，消费者对最后一单位的支付意愿将随着预期销售数量的增加而上升，强调价格和数量的正相关。预期销售数量随实际销售数量的增加而增加时，均衡时的价格也随之上升。同一产品的使用者越多，价值越大，后进入者将需要支付更高的价格。因而，存在网络外部性的情形下，需求曲线就不向右下方倾斜。

2. 边际收益递增

传统经济学的基本原理认为，边际收益是递减的，即在一个以资源作为投入的企业中，单位资源投入对产品产出的效用是不断递减的，尽管产品数量是递增的。若存在网络外部性则使边际收益递增，是说某些厂商制造的产品销售数量越多，产品的价值就越高，由此获得的优势就越大，因而消费者获得收益也就递增。两者本质上并不矛盾，传统经济学理论的边际收益递减，是以生产企业为核心的，随着生产要素的投入增加导致企业收益变化而进行分析的，其基础为生产的供给方，即以供给为基础。而存在网络外部性时的边际收益递增，是建立在消费者需求对收益产生变化的基础之上，消费者是需求方。因为是以需求方为基础的，有学者称之为"需求方规模经济"。在网络中外部性显著的产业中，需求方对收益的影响逐渐成为经济活动的中心。

3. 市场均衡

网络外部性的存在使得市场出现不稳定性，技术进步使得预期生产的可能性边界后移，而消费者的需求方规模经济使得市场的均衡取决于消费者的预期，在网络外部性作用下，预期的销售量往往比实际的销售量更重要。在区域创新网络形成的过程中，市场就会出现不稳定。

预期实现的均衡模型通常假设消费者具有理性预期，这种理性预期暗示消费者应该能够正确地预测市场结果，因此均衡是确定的（Katz，Shapiro，1985）。网络外部性的存在打破了单一均衡的现象，出现多重均衡。均衡的这种多重性，是市场"一边倒"特征在静态模型中的具体表现（Lin，2008）。由于市场存在多重均衡，加上非临界容量的存在，网络外部性市场很容易出现"一边倒"的情况，即没有达到临界容量的网络都将趋近于消失，而实现临界容量的网络则将步入网络规模与网络价值的正反馈，并由边际成本条件决定一个临界容量以上的均衡规模（王国才，朱道立，2004）。同时，即使在理性预期均衡情况下，也不能消除多重均衡。

二、区域创新网络外部性的形成

（一）区域创新网络外部性的形成过程

区域创新网络外部性存在的最主要原因，是网络内各参与成员间相互依赖导致的。一般认为，区域创新网络的外部性产生于网络内部各相关主体市场机制的相互作用，或产生于各主体间网状型相互作用。

1. 市场机制的相互作用

在新古典经济学中，认为若外部性是通过市场机制的相互作用而产生的，这种外部性的影响并不需要引起足够重视。因为这种通过市场机制起作用的外部性是由价格体系引起的，一方经济主体对其他主体的福利状况所产生的影响都可通过价格信号得以反映，但并不会对社会总产出产生影响，不影响资源的有效分配以达到帕累托最优均衡的过程。而事实上，这一论点是基于经济学中完全竞争假设和所有产品或资源的完全可分性假设等一系列假设基础之上的。西托夫斯基（Scitovsky，1954）发现，上述这些假设在现实经济生活中都是不成立的，这样往往就会使得均衡理论中的帕累托最优均衡无法实现。泽刻豪泽（Zeckhauser，1982）证明，在不完全竞争的市场背景下，通过市场机制作用所产生的外部性的重要程度。克鲁格曼（Krugman，1991）论证了外部性在报酬递增的条件下有利于企业地理空间的聚集。

2. 需求扩大与规模报酬递增互动中的外部性

假如在一个特定的地理区域内，生产某种产品的企业出于某种理由集聚在此。这种集聚可能会导致以下变化，产品的供给增大以及由此导致的价格下降、土地的租金上升以及由此导致生产成本加大、对专业技能人才的需求增大以及工资成本上升、对各种零部件需求的增大以及网络内生产某种零部件有利可图。这时网络内企业发生纵向分解，就会有更多的企业专业生产这种零部件，导致零部件价格下降。同时，随着生产该零部件的企业不断地加入会导致土地等价格的进一步上升。更重要的是，这种聚集可能会扩大对另一种零部件的需求，进而发生新一轮的纵向分解。

从上面的论述可知，企业在地理空间的聚集所引起需求的递增与生产中规模报酬的递增两者相互影响，会使网络内企业形成明显的专业分工，降低生产成本，给网络内企业带来利润增长。

3. 成员企业彼此互动中的外部性

各成员企业在区域创新网络内彼此间相互合作—竞争而产生的外部性主要分以下四种：

（1）同一产业链上属于上下游关系的企业之间彼此互动产生的外部性。

处于下游的企业，是基于上游企业的投入而产出的，两者间的关系是投入—产出关系。主要表现为两种情况：一种是上游企业对下游企业的影响；另一种则是下游企业对上游企业的影响。例如，一个具有良好市场声誉的产品供应商，其对购买者企业产品的销量有很大的促进作用，相反，一个具有良好声誉的购买者企业，其对供应商企业产品的销量也有很大的促进作用。尤其是当某种产品是一种稀缺品时，这种外部性就更为显著。恩斯特（Ernst，2000）列举了一个典型的例子可有效地说明这种外部性的作用，即：作为IBM计算机供应商的各中小企业在经营上所获得的成功正是源于IBM对产品质量、生产过程和产品开发的严格把控，促使这些供应商企业不断提高其产品质量，最终形成自身独特的设计能力和制造能力。

（2）生产互补品企业间的外部性。

当出现两个企业所生产的产品互为互补品时，一家企业市场的扩大，就会促进互为互补品的另一家企业市场的扩大，有助于企业之间形成良性循环。但是，也不排除会出现个别企业投机取巧、"搭便车"的现象。例如，当与其所生产的产品互为互补关系的企业在产品营销方面做得很成功时，这些企业可借助这种优势进一步推销本企业所生产的产品，而无须支付任何费用。

（3）生产替代品的企业间的外部性。

当出现两个企业所生产的产品互为替代品时，这两家企业属于竞争关系，一方的获取意味着另一方的损失。必然会加剧企业间的相互竞争，迫使企业提高创新能力。波特（Poter，2003）指出，一个可以与自身相抗衡的对手，会迫使其提高创新力度，提高企业的市场竞争力。

（4）替代外部性。

当 A 企业所生产的产品恰是 B 企业生产要素的替代品时所产生的外部性，当 A 企业市场销售量增大时，有利于 B 企业获得价格谈判优势。反之亦然。

4. 网络型相互作用

区域创新网络内的众多成员企业通过长期正式与非正式的互动与合作，形成各种稳定的关系网络（王缉慈，1999）。网络内成员在很大程度上是彼此依存的关系，正是这种关系，使得企业间既是分工关系，也是竞争关系，主要选取三种典型的网络作用形式来分析外部性的产生机制。

（1）聚合的相互作用。

网络内企业间聚合的相互作用形式，如图 3.3 所示。

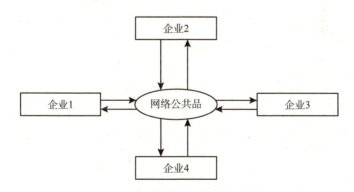

图3.3　网络内企业间聚合结构

资料来源：作者整理。

其中，网络公共品主要指，网络内企业所共享的区域品牌、商业模式、社会资本等。每个企业在这种相互作用下，通过彼此特定的方式影响着网络内公共品的形成，反之又受这些网络公共品的影响。由此可见，以公共品作为媒介，成员之间可以借助此来影响其他成员。现将公共品分别介绍如下：

第一，区域品牌。区域创新网络所形成的品牌与网络内成员间地理位置的特征密不可分，代表网络内各类产品的形象，它存在于网络产品的忠实消费者的心中，会对其购买决策产生直接影响。正因如此，网络内的每个成员都是区域品牌的维护者，也是破坏者，它们的每个行动都会降低或者加强网络的品牌形象，从而对其他企业产生有利或不利的影响，即外部性。尤其当网络内企业在消费者心中高度同质时，这种外部性更为明显。然而，在多数区域创新网络内，由于地理位置相互靠近，企业间在生产、销售、战略、组织结构上相互模仿，往往使得网络内企业间有较高的同质性，这些因素都会加大网络内区域品牌的效应。

第二，商业模式。所谓商业模式，就是企业的"经营诀窍"。网络中的商业模式是由众多企业的"经营诀窍"总结出的行为模式，这种模式是网络内企业所共有的，具有一定的稳定性。弗里曼（Freeman，1983）将这种模式比喻为网络中知识汇聚的"洼池"，形成了区域创新网络的结构惯性。芭芭拉（Barbara，1988）将这种模式比作网络内组织的记忆，加强了网络内成员间的相互学习，帮助网络内单个成员突破理性不足的制约。同时，也反映出网络内成员间知识溢出或技术溢出的一种现象。

第三，社会资本。这里的社会资本指的是，网络内企业间所共享的行为准则、关系网络和信任。随着网络内成员的增多，这些资本所产生的外部性就越明显，它们的功效也就越大。

（2）循环式相互作用。

网络内企业间循环式的相互作用形式，如图3.4所示。

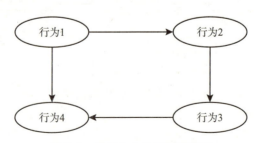

图 3.4　网络内企业间循环结构

资料来源：作者绘制。

　　网络内各企业成员通过循环形式的相互作用，一些成员的行为会激发另一些成员的另一种行为，如此不间断地循环下去，就形成一种闭合的行为链，最终处在网络中的每个企业都会受到其他企业和自身行为的影响。在这种情况下，当网络内出现一股积极的驱使企业不断提高的"力量"时，这个"力量"就如有了生命，链条内的任何一个参与主体都难以控制它。这种情况有利于技术的溢出和传播，并且使得那些较难以掌握的技术产生规模效应，出现规模经济。其中的原因是，当一项技术被人们广泛采用时，人们在使用技术过程中边干边学、积累经验，当所积累的经验达到一定程度时，就有利于该项技术的进一步改良，加大这项技术的优势。在这种情况下，又会吸引更多的人使用该技术，扩大其使用范围。过程描述，如图 3.5 所示。

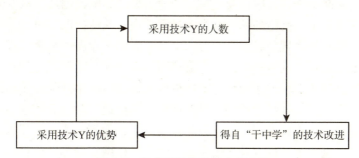

图 3.5　技术获得优势的动态过程

资料来源：孙鳌. 集群外部性的发生机制. 经济经纬, 2008 (6).

　　亚瑟（Arthur，1989）认为，当某项技术被赋予了初始的采用优势时，这时和其他技术比起来，该项技术就可能获得更多被使用和改良的机会，结果导致这项技术获得足够优势来主宰市场，通过采用者的偏好和技术的可能性等知识，已不能预测到这项技术最终可能出现的市场结果。

　　（3）网状相互作用。

　　区域创新网络内的企业，由于彼此间有"地缘、血缘、学缘"等多种关系，各主体两两之间以及同时与第三个主体建立关系，使得网络内形成各种非正式的关系网络。这种非正式的关系网络在学术界引起很大关注，其中，一个重要原因就是这种非正式的关系网络为网络内知识的溢出和传播提供了重要的渠道，阿罗和卢卡斯认为知识的传播速度与传播面与员工间的非正式交流面和接触频率成正向关系，交流面越广、频率越高、知识传播速度就越快、扩散面就越广。拉索（Russo，1985）在对意大利的产业园区进行了深入研究后认为，正是在网络内产生的知识更容易在网络内流动，而不易在网络外和跨边界流动，使得创新活动表现出地理上的集中。其中一个重要原因是，网络内各经济主体的员工彼此间有意无意联系和交流，为知识的传递搭建了重要的桥梁。

（二）区域创新网络外部性的形成机理

区域创新网络外部性的形成机理，是基于网络外部性的分类和网络外部性的形成过程。网络外部性是区域创新网络的重要特征之一，区域创新网络内既存在直接网络外部性，又存在间接网络外部性，且彼此相互作用。由于区域创新网络的产生，受到网络内参与主体的规模、结构或关系的影响，同时也受区域内产业结构、产业类型的影响，因此，区域创新网络在不同环境下，网络外部性的产生过程不同，其结果也不同。

外部性对于区域创新网络而言，贯穿创新网络发展的整个过程。当网络内体现出某种正网络外部性时，直接网络外部性和间接网络外部性存在推动与转化的关系，直接网络外部性可以助推间接网络外部性的形成，间接网络外部性可以转化为直接网络外部性。比如说，对于区域创新网络内的技术创新，加入区域创新网络内的企业越多，创新网络的价值越高，网络内的原有企业得到的额外价值越高，就是直接网络外部性。直接网络外部性被激发后，由于企业的增加，对技术的使用提出更高的需求，在网络内各方主体的相互作用下，通过相关技术或可替代技术的开发，企业可以更低的价格获取更先进的技术，进而推动技术创新与扩散，就是由间接网络外部性倒逼直接网络外部性。

当区域创新网络表现为负的网络外部性时，网络内主体分为引起负网络外部性的一方和被网络外部性影响的一方。当次优技术由于某种原因占领市场，导致更好的技术无法进入时，网络就表现出负网络外部性。次优技术的企业为负网络外部性的产生者，次优技术带来的直接网络外部性为网络内其他企业明知有更好的技术可以使用，但无法使用时，它们就越不愿意进入网络（利润低或开发更好的产品成本高），因此失去结网的动力。故次优技术的所有企业，就会阻碍网络内的企业进行替代技术的研发，会抑制间接网络外部性的产生。间接网络外部性，也会制约直接网络外部性的产生。由于次优产品生产企业间相互模仿，对于消费者而言更不愿意购买此类产品，导致恶性循环，更加制约了直接网络外部性的产生，如图 3.6 所示。

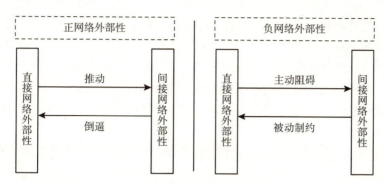

图 3.6 网络外部性的产生机理

资料来源：作者整理。

对区域创新网络而言，不仅网络存在边界，同时也存在正负外部性。当网络内同一产业因地理原因或技术原因集聚，起初会产生规模效应，当企业数量小于或等于一定临界值时，企业数量的增量、规模的扩张会促进产业的发展，而当企业达到临界值后，可能出现效用不变或者是效用减少的情形。这与所属产业本身的属性，也有相关性。另外，网络外部性与创新网络发展所处的阶段存在一定关联。创新网络发展的初期，网络外部性可能会因为网络规模小而不显著，网络红利很少。而当网络内主体的结网行为开始时，网络外部性作用显著，各关系主体加入网络的意愿增强，网络外部性带来的网络效用增强。而当网络的体系化阶段出现时，网络外部性带来的效用可能会达到峰值或者成为效用的一个拐点。

（三）区域创新网络的外部性对产业升级的积极影响

外部性在区域创新网络中可以说是无处不在，它对经济发展的作用问题在近些年得到了众多学者的认可，马歇尔（Marshall，1920）认为，外部性是产业增长和地理集聚的重要诱因，集聚所形成的外部性经济即知识与技术的溢出、共享基础设施和劳动力市场、专业的服务性中间产业对产业的增长有重要的影响。对网络的外部性分类中提到的动态外部性（MAR外部性、Jacobs 外部性、Porter 外部性）和静态外部性，都强调由知识与技术的溢出以及竞争程度所产生的外部经济的重要影响。通过将外部性加入动态时间因素，可进一步将动态外部性的概念进行扩展，从而有效地解释规模经济、人力资本、范围经济等所产生的收益递增或外部经济现象。随着时间的推移，区域创新网络内各成员间通过相互合作和竞争、相互学习和模仿，对企业竞争力的提升和网络内集体收益效率的提升有着重要的影响。[①] 本书的重点在于，探索网络的外部性与产业升级之间的关系，因此，将围绕可产生外部经济的且对产业升级有显著影响的相关因素展开，从正负两个方向探索知识溢出、联合研发、高度竞争和规模经济四个因素所产生的外部性对产业升级的正向促进作用，以及从创新惰性、模仿趋向、"柠檬"市场、过度拥挤等方面来阐述其对产业升级会带来的不利影响。

1. 知识溢出与产业升级

由于知识具有公共物品的特征（非竞争性和非排他性），因此，知识的积累具有溢出效应，这种溢出效应又使得知识具有报酬递增的特性。在进行知识的资本投资时，当社会报酬率大于私人报酬率时，就产生了正外部性，这种正外部性将会给全社会带来规模经济效应，推动产业增长。内生增长理论（Lucase 1988；Romer，1986）认为，动态外部性所带来的知识与技术外溢和"干中学"是驱动产业增长的长期动力，知识与技术作为一种生产要素不仅可以直接对生产活动作出贡献，而且可以通过人与人之间或经济个体之间有意无意地互动而产生外溢效果，这种溢出可以促使知识资本和人力资本形成规模经济，进而加强企业创新，推动产业升级。薄文广（2008）认为，知识与技术的溢出对产业增长有着显著的促进作用。

马歇尔（Marshall，1920）的经典语句"弥漫在空气中的秘诀"是最早对知识溢出的研究。但是首次提出知识溢出概念的学者为道格尔（Dougall，1960），他是在研究一国接受他国资金的注入对本国社会收益的影响及其如何变化时提出的。阿罗（Arrow，1962）认为，当企业的一项新研究成果并不完全被自己所有而是沦为公共品时，就产生了溢出现象。知识溢出是经济外部性的一种表现，指的是在某一范围内，知识在主体毫无意识的情况下流出，使其在不同组织之间进行传播、转移、扩散和获取。知识溢出是单向性的，具有时间滞后的特点。知识有隐性知识和显性知识之分，隐性知识是那些只能通过"意会"而不能通过语言文字来传播

---

① Reekie W. D. Industrial economics and organization [M]. Oxford University Press，1991.

的知识，传播过程中不易留下痕迹；而显性知识则相反。隐形知识与语境和环境是不可分割的，它在传递过程中易受语境的限制，而且离不开个人、环境和社会，适合通过频繁的接触和"面对面"的交流方式来进行传递。知识溢出主要指的是隐形知识的溢出。

区域创新网络内，通过不同经济主体间的相互作用而形成各种非正式的关系网，在这种关系网中，同一经济主体与两个或三个同类型的经济主体有联系。这种关系网近几年吸引了众多学者的目光，一个主要原因是网络内不同企业的员工彼此经常以非正式的方式频繁接触，就为网络内知识的外溢构建了一个重要的传播渠道。拉索（Russo, 1985）在对意大利的产业园区进行了深入的研究后认为，正是因为在网络内产生的知识更容易在网络内流动，而不易在网络外和跨边界流动，使得创新活动表现出地理上的集中。许箫迪等（2006）认为，知识溢出与企业间的地理距离存在某种函数关系，只有聚集在某个区域创新网络内的企业才可以获得在网络内溢出的知识，一旦脱离这个网络群体，就无法享受这种福利。艾伦（Allen, 1983）也认为，两个属于相互竞争关系的经济主体，它们彼此间通过信息披露方式所创造的知识的快速积累有助于提高创新率（发明率），而这种知识的快速积累与关系网络内信息交换和循环的频率有密切关系。区域创新网络主要通过以下渠道进行知识外溢：（1）员工间的非正式交流。区域创新网络内的企业彼此间有"地缘、血缘、学缘"等多种关系，员工间因为工作、邻里关系、休闲等而接触，就为那些隐晦的、非编码化的、企业专用的、只能通过人际间频繁接触才能传播的隐性知识提供了条件。（2）员工流动。从马歇尔提出的产业区位理论开始，员工的流动就一直被认为是知识溢出的重要机制。当某一人员从网络内一家企业流入另一家企业时，他给流入企业带来的不仅仅是新人员的增加，更带来了新知识、新技能和新诀窍，促进流入企业知识的更新，为新企业技术的创新和绩效水平的提升助了一臂之力。与此同时，网络成员之间通过人员的不断流动渐渐形成了网状的社会关系，这更有利于加强员工之间非正式沟通的深度和广度。（3）企业间的合作与交流。任何企业都不可能独立生存，必然要与其他企业建立广泛的合作关系，在合作与交流过程中，必然产生知识溢出现象。（4）企业衍生。所谓企业衍生指的是某一企业（母企业）员工出于某种原因离职，离职后成立了一家新企业的现象。由于两者之间有着不可分割的联系，结果不仅使新创的知识和技术商业化，使知识更趋向于成熟，而且会促进人员流动，加速网络内知识的溢出效应。

网络成员彼此间的交流与合作，会影响网络整体的创新行为和创新能力，进而有利于创新网络的构建。而创新网络既有助于促使网络产生成本优势和规模优势，而且能够在某种程度上消除政府失灵和市场失灵。总之，网络内知识的溢出是促进网络内创新产出和生产率提高的源泉，是创新网络发展的动力。知识溢出对产业升级的效应表现在以下几个方面：

（1）降低创新成本。企业用于创新的知识，一部分来源于企业自有的知识，另一部分则是从其他企业溢出的知识。由于地理区位接近，企业或者员工以及科研机构之间不可避免地会进行相互交流，无形中将会降低企业获取并消化其他企业在无意识情况下溢出的知识成本。

（2）降低技术距离。若技术水平不分上下，也就无所谓外溢。正是因为网络内成员间存在技术差距，那些在技术上不占优势的成员才会有动力进行模仿、获取并消化溢出的知识。这就和物理学中的"势能"一样，成员之间技术水平的差距越大，彼此间"势能"就越大，因此，知识的溢出就有利于较快速地降低两者之间的技术距离。

（3）优化知识结构。企业性质不同，其所拥有的知识是不同的。从其他企业处获得不同于本企业的知识，有利于企业的技术创新进而获得竞争优势。网络内各经济主体借助这种非正式交流网络，可以较低的成本获得各种知识、技术诀窍，弥补了企业自身知识的缺陷，使成员企业的内部知识得到了优化。

（4）激活隐性知识。隐性知识是那些只能通过"意会"而不能通过语言文字进行传播的知识，而企业要获得发展优势，离不开这些知识，企业就必须有效地积累并激活这些默会性的知识。然而，企业内部所拥有的这种默会性的知识，是很难被其他外部组织所模仿和吸收的。但是，在网络内部，成员间彼此依存、相互作用，按照一定的比例分享利益，不但使得这些默会知识的溢出变得相对容易，而且有助于企业对其理解和吸收，进而使网络及其内部成员企业保持特殊的、持续的竞争优势。

2. 技术溢出与企业的研发支出

一般对技术溢出和企业研发支出两者间关系的看法，是前者必然降低后者。但在现实中，企业研发支出与技术溢出两者之间的关系远非这么简单。譬如，持这种观点的学者并没有考虑到，技术类型不同溢出对企业研发支出的影响会呈现特殊性；不同的产业组织形式，也会对两者之间的关系产生影响。从技术溢出影响研发成果独占性的角度分析，技术溢出必然导致企业失去其对研发成果的独占性，降低回报率，打击创新企业的积极性，因此，创新企业必然会减少对研发的支出。如何消除这种技术外溢，使企业认为研发是一件有利可图的事情，大多数学者主张通过政府来解决。政府要以界定产权的方式来内化这种通过技术外溢而获取的外部收益，从而提高企业的创新积极性，最终实现通过借助技术进步来推动经济的增长。

3. 高度竞争与产业升级

企业是什么？企业就是进行投入—产出的组织，无论产出的是有形的产品还是无形的产品，企业的投入不外乎劳动、资本、土地和企业家才能等要素。当众多企业集聚在一个有限的区域范围内形成网络时，必然会形成对各种基本要素的竞争。李新春（2011）认为，网络内企业间的竞争，是贴近对手的竞争。企业的采购、生产到营销等全部环节在很大程度上是可以被竞争对手观察到的，因此必然产生相互之间的竞争。波特（Porter）认为，同一产业内高度竞争的市场环境有利于敦促公司不断进行技术创新、技术外溢，进而加速企业技术进步，最终实现产业经济增长。薄文广（2008）也认为，竞争程度与地区产业增长之间存在着一种正向关系，即竞争程度越高，企业就越有动力去加强管理，提高产品质量，加快加大技术创新的步伐，推动产业的增长。因此，政府出台的策略应该偏向于鼓励市场竞争，反对垄断，实现国内外市场一体化建设。因此，如何在未来发展中加强市场一体化程度，有效地消除明显的或潜在有利于本地区发展的保护政策和措施，提高市场的竞争程度，推动产业的持续增长，是一个非常值得重视的课题。

4. 规模经济与产业升级

规模经济又称作规模效益，指的是在技术水平一定的情况下，单位产出成本（平均成本）随着规模的扩大和产出的增加而逐步下降。李怀（2004）认为，从经济效益的角度看，网络的外部性和溢出效应与规模之间呈现线性的指数化变化的特征。随着网络间节点和连接的增多、规模的扩大、结构的演进，网络的溢出效应也呈现出指数化的增长趋势。当要素的投入比例小于产出的增长比例时，单位产出的平均成本就会随着生产率的提高而下降，进而产量就会上升，当价格保持不变或者下降时，就带来了超额利润。在这种情况下，规模经济加快了本国厂商的资本积累，保证了厂商有更多的资金用来从事研究与开发，相比他国，能较早占领附加值较高的产品市场，实现产业结构的持续升级。

（四）区域创新网络的外部性对产业升级的消极影响

前文从正外部性的视角来分析外部性对产业升级的影响。外部性各要素之间单独或交互、直接或间接给网络内企业带来正的外部效应，进而逐渐推动产业升级，并且网络的聚合动力随着正外部效应的加强而加强。但是，产业在借这些正外部性效应产生升级优势的同时，也会削弱网络内企业对外部环境变化的适应能力，进而对产业的增长带来不利的影响，最终导致产业停滞不前甚至走向衰退。其具体表现是，网络内技术等知识的外溢给网络内技术较薄弱的企业带来益处的同时，也滋生了这些企业的创新惰性，使知识创新企业失去创新的动力；借助网络内企业地理区位的优势，企业在集体学习和合作研发的同时，也诱发了处于链条上同一位置的企业间相互模仿的风气，造成企业趋同效应；高度的竞争会迫使企业加强管理、提升技术，但当竞争程度达到某一水平时，就会出现"柠檬市场"现象；当网络内出现同类型企业的不断聚集，使生产某种产品出现规模经济时，也会造成网络内过度拥挤，失去产品生产的成本优势。

1. 创新惰性

技术等知识外溢的正向效应，给网络内甚至全社会带来益处的同时，也会造成知识创新者的私人边际收益远低于社会使用知识的边际收益，影响创新者的积极性，进而减少创新活动的投入，造成知识的产量远低于社会的最优产量，导致社会整体创新不足。

阿罗（Arrow，1962）认为，企业因投资而获取的新知识可能会通过各种渠道被他人轻易获取，但又无法确定索要赔偿的对象和份额，因此，企业会减少对创新的投入。罗默（Romer，2001）认为，若知识是完全溢出的，那么企业宁愿选择等待其他企业的新成果外溢也不愿意自己创新，要解决这类问题，除非政府向知识创新企业提供补贴或对外部效应的受体征税。在1986年，罗默提出了知识溢出模型，认为知识的溢出给其他企业带来了益处，即边际外部收益（marginal external benefit，MEB）为正，而社会边际收益（marginal social benefit，MSB）是每个产出水平下所对应的边际外部收益（MEB）和边际私人收益（marginal private benefit，MPB）之和，即 MSB = MPB + MEB，故 MPB < MSB。如图 3.7 所示，私人供给曲线 S 与需求曲线 D 的交点 E 所对应的产出为 q_1，价格为 p_1，社会边际收益 MSB 与供给曲线 S 相交于 O 点，其对应的最优产出为 q^*，价格为 p^*，且 $q_1 < q^*$，价格 $p_1 < p^*$。由此可见，知识溢出使得厂商无法以最优价格销售新产品，进而减少对新产品的投入，造成社会整体创新不足。如图 3.7 所示。

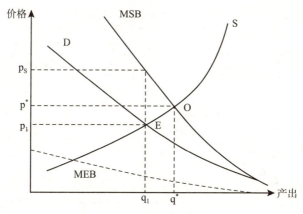

图 3.7　创新惰性的负外部性

资料来源：周茜. 行业特征、知识外部性与企业自主创新——基于市场结构因素与行业内专利竞赛的实证研究. 暨南大学博士学位论文，2012.

2. 模仿趋向

模仿企业仅通过人才引进、逆向工程或简单的仿制等方式，生产出类似的产品来分割创新企业的市场份额，导致产品创新企业的利润受损，在尚未到达因侵权而要付出法律赔偿的程度时，模仿企业无须对创新企业的损失进行补偿，这时负外部性就产生了。这意味着，随着竞争对手的迅速模仿，创新厂商的超额利润也会快速下降，直至消失。由此可见，企业的模仿趋向造成的是一种负外部性，这对维持网络内的创新动力是极其不利的。借用经济学中的模型来表示这种现象，因模仿产生的负外部性给创新企业带来边际外部成本（marginal external cost，MEC），其包括创新厂商为创新成果申请专利所支付的专利费、为留住核心员工所支付的薪酬激励、为专利等信息的保密而支付的额外信息系统成本、人岗分离所产生的工资成本等。如图 3.8 所示，每一个产出水平所对应的边际私人成本（marginal private cost，MPC）与边际外部成本（marginal external cost，MEC）相加，即可得到社会边际成本（marginal social cost，MSC），即 MSC = MPC + MEC，由此可知，边际私人成本 MPC 小于社会边际成本 MSC。私人供给曲线 S 与需求曲线 D 的交点 O 所对应的产出为 q_1，社会边际成本 MSC 与需求曲线 D 相交于 E 点，其对应的最优产出为 q^*，且 $q_1 > q^*$，而价格 $p_1 < p^*$，由此可见，模仿行为高于社会的最优产出。如图 3.8 所示。

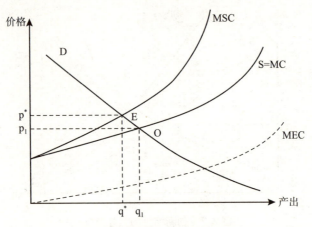

图3.8　模仿趋向的负外部性

资料来源：周茜．行业特征、知识外部性与企业自主创新——基于市场结构因素与行业内专利竞赛的实证研究．暨南大学博士学位论文，2012．

3. 产业集聚与"模仿驱逐创新"的"柠檬市场"形成机制

乔治·阿克洛夫（George Akerlof，1970）在信息经济学的研究中引入了"柠檬市场"（the "lemons" market）这一著名概念，主要用来描述由于交易主体双方信息的不对称而导致交易中出现的商业欺骗。如产品的卖方相比买方而言，其对产品的质量了解得更加清楚，就会出现假冒正品以次充好，低质量的商品驱逐高质量的商品，消费者在有限理性的情况下，最终选择了价格低廉的劣质品，而冷落了优质品，使得市场上出现产品的质量不断下降的情形，扰乱了市场秩序。

在一个区域内，企业最初在进行厂址选择的过程中，受到不同区位的自然优势的影响。慢慢地，当很多相同类型的企业聚集在同一区位并形成一定规模后，由于外溢效应的出现，再加上区位的自然优势，会吸引外围企业纷纷加入这个网络。随着企业的不断增多，溢出效应也会加大，使得知识以更快的速度向外扩散，降低了网络内企业间效仿的难度，成本也随之减少，最终导致产业结构上的趋同性，形成同类型的行业以相同的方向高速增长，以低水平、平面式分散的数量扩张，导致恶性循环、过度竞争的局面。在那种垄断程度较低的产业中，由于同类型的生产企业过多，导致很多企业以很低的利润存活甚至陷入亏损的地步，但是由于种种原因，企业又很难撤出该行业，只能持续以低利润率存活。在这种局面下，厂商为了规避由于技术创新而带来的收益风险，就会不断降低技术研发的投入，从而网络内知识溢出的收益弹性会持续下降，进一步降低整个网络内对研发的投入，在网络内出现模仿驱逐创新的情形，形成"柠檬市场"，致使创新失去动力，阻碍了产业的优化升级。

4. 过度拥挤

（1）网络产品市场的拥挤效应。网络产品市场拥挤效应的一种后果是，网络内可能会出现机会主义企业驱逐非机会主义企业。原因是由于网络内企业间的相互模仿，网络中那些不能借助创新获取利润企业，在迫不得已时，为了维持其生存利润，很可能出现偷工减料现象，生产出大量低质量的产品。当买方存在对网络内品牌的忠诚，或不能立即发现卖方的机会主义行为时，网络内就可能会出现机会主义企业驱逐非机会主义企业。其另一种后果是，网络内企业展开激烈的价格战，深陷价格战的漩涡而不能自拔。这是由于模仿带来的产品出现同质性时，购买者需求价格弹性就会不断提高，当消费者的需求富有弹性时，通过采取降价策略来窃取竞争对手的生意不失为一种有效的办法。遇到这种情况，无论竞争对手采取降价策略还是继续维持原价，对于每个企业来说，降价都是其最佳策略。当网络内的多数企业纷纷采取降价策略时，就会导致整个网络陷入价格战的囚徒困境中，每个企业都无法改善自己的处境，只能接受价格战导致的亏损。即使企业间通过建立彼此的信任，加强双方合作的方式来一致摆脱这种困境，产品市场的拥挤也会使网络内企业展开争夺生存空间的竞争，进而出现利益的相互冲突，这时要建立彼此的信任是很难的。所以，只有彻底缓解网络产品市场的拥挤状况，才是解决问题的根本之道。

（2）网络要素市场的拥挤效应。企业的投入—产出，需要相应的要素投入。当众多企业集聚在一个有限的区域范围内形成网络时，必然会对各种基本生产要素存在较大的需求。随着网络规模的再扩大，企业源源不断地进入，这种需求还会更大，当供给不能随着需求同比例增大时，要素价格必然随着网络规模的扩大而上升，尤其是那些诸如土地和房地产等缺乏供给弹性的基本要素。在生产率保持不变的情况下，必然会增大企业的生产成本，这时，企业要维持利润，产品的价格必然相应上升，将会直接导致网络产品失去在市场上的竞争力，带来的后果不外乎有两个。要么网络内的企业搬迁到那些拥有更低价格生产要素的地方进行生产，要么维持原状，缩小网络的市场份额。产品成本的上升如果不在产品价格上反映，就会出现另一种可能，那就是工人的工资不断被压低。当实际工资低于或等于工人的工资预期或心理成本时，就会降低工人工作的积极性，导致企业工人的流失。在经济学中存在这样一个说法，经济租金和员工热情是同时并存的，没有前者，就没有后者，当工资的下降使得工人获得的租金缩小甚至为负时，他们的热情和对企业的忠诚也会一并散去。这时企业为了"锁住"工人，要么采取克扣工人工资或其他违法手段强留工人，要么延长工人工时，但给工人的加班报酬远低于法定标准，所有这些做法都会恶化劳资关系，影响产业竞争力。所以，企业只有不断地创新，降低生产成本，提高产品在消费者心中的价值，才能克服网络要素市场的拥挤所带来的不利影响。

（3）网络环境资源的拥挤效应。网络中企业的各种生产活动多少会对环境产生负外部性，这种外部性影响经过长期的累积必然会使网络内的自然环境如空气、水等质量不断恶化，如空气中充斥着大量有害身体的物质，纯净的河水变成了无人能靠近的污水沟，单调的厂房代替了悦目的自然景色等。在发展中国家，这种情况尤为明显。此时，整个网络逐渐失去了对劳动者的吸引力，尤其是那些拥有高人力资本价值的劳动者，因为悦目的风景、清洁的河流、清新的空气都属于高收入弹性物品，即随着人们工资的增多，就会对其产生更多的需求。企业为了挽留那些对生活环境质量要求较高的劳动者，就得被迫提高工资，导致企业失去成本优势。当整个网络被冠上"污染区"后，那些诸如食品、化妆品、服装等对污染敏感的企业就会受到生存的威胁。上述所有不利的影响，只有借助政府的力量，如采取更加严厉的环保措施、绩效标准、技术标准等来阻止那些难以符合适应性创新的企业进入网络。

（4）网络基础设施的拥挤效应。在研究基础设施投资贡献率的很多文献中表明，对基础设施进行投资，不仅对经济的增长有促进作用，而且有助于缓解地区贫困，实现环境发展的可持续性。对于一个成功的区域创新网络来说，应该有比较完善的基础设施。与网络相关的基础设施，一般有两大类，一类是物质性的，另一类是信息性的。其中，物质性的基础设施，如水电煤、交通、公园等。当这些设施出现拥挤现象时，将会加大企业的生产成本，使企业难以及时适应市场变化，降低网络的竞争力。与网络相关的信息性基础设施主要是那些以知识为基础的机构，如大学、各种研发机构、专业培训企业家或技术工人的机构以及保护知识产权的各种法律制度等，当这些设施出现拥挤现象后，就会加大知识的外溢，使得竞争对手轻易通过模仿加以利用，减弱了企业对知识产权的保护，严重打击了知识产权创造者的积极性，对于那些技术和知识密集型的企业网络危害更大。当网络中形成一种只"窃取"、不"创造"的氛围后，网络竞争优势的消失就是必然的了。

三、区域创新网络外部性下产业结构的优化要素

无论是借助市场机制还是采用政策干预，只要这种调整过程推动了产业结构趋于合理化或更加适应经济的发展，那么，这一调整过程就是产业结构优化的过程。① 1953 年，罗斯托在其《经济成长的过程》一书中提出，经济成长从低级向高级演进的过程中，主导产业群也依次发生相应的更替，从而推动产业结构的转换。② 国内学者对产业结构优化的研究视角很多，层次不同。周振华认为，产业结构优化包括产业结构的高度化和合理化两个主要内容，高度化是产业结构从低向高发展的过程，合理化是指，产业之间有机联系的聚合质量。③ 李红梅指出，产业结构的优化，主要为产业结构的升级、技术和资本密集程度的提高。④

对于产业结构优化升级的影响因素，学者们也从不同的视角阐述观点。杨治（1985）认为，产业结构状况同经济发展阶段联系在一起，不同的经济总量有不同的经济结构。经济总量增长依赖于结构变动，特别依赖于增长速率高于平均增长率的新兴产业。王述英（1996）认为，对产业结构变动影响比较大的三个因素为收入需求结构变动、技术进步与劳动生产率相对变化、国际贸易。有学者通过实证研究认为，劳动力作为最重要的生产要素，数量和质量都对产业结构的优化升级产生了重要影响。⑤ 除了以上观点外，越来越多的学者开始认同技术创新因素也是限制产业结构优化的重要原因。陈效兰（2003）认为，技术创新是产业结构演化的根本原因。⑥ 丁焕峰认为，当某产业的技术创新带来新的需求时，一般将引起生产要素向该产业流入，促进该部门的成长和发展，从而引致产业结构的优化升级；当某产业的创新仅带来生产效率的提高，但没有创造出新的需求

---

① 原毅军，董琨．产业结构的变动与优化：理论解释和定量分析．大连理工大学出版社，2008.

② ［美］罗斯托．经济成长的阶段．商务印书馆，1962.

③ 周振华．产业结构优化论．上海人民出版社，1992.

④ 李红梅．21 世纪中国产业结构调整的战略选择．首都师范大学学报（社会科学版），2000（6）：50－56.

⑤ 夏平华，宋之光，肖贤明．广东省产业结构高级化环境影响模型的建立及实证分析．科技管理研究，2008（2）：97－101.

⑥ 陈效兰，吴瑕．技术创新——产业结构演变的根本原因．理论月刊，2003（12）：84－85.

时，则往往引起生产要素从该产业流出，从而加速该部门的萎缩和退出过程。这同样导致整个产业结构的优化。[①] 环境因素也是影响产业结构优化升级的要素。

区域产业结构升级是区域产业随着经济的发展和市场的变化，按照产业结构的演进规律不断地向更高的方向演进的过程。

区域产业结构在形成后，并非一成不变的静态存在，而是伴随着各种影响其发展的如供需结构、制度安排等的发展和变化，进行产业的发展与调整。区域产业结构的优化升级，已成为区域经济持续增长的推动力。[②] 区域产业结构升级的核心，是社会生产技术更新所引发的区域产业结构的改进，即由于新技术的开发、引用、应用、扩散，引起高新技术产业发展和传统产业的更替、改造，说明区域产业结构的优化升级是以科技进步，特别是技术创新为前提的。

在网络化情境下，各类产业在发展过程中都呈现出网络化趋势。产业结构调整的基础是产业网络，是一种介于市场与企业之间的资源配置方式。[③] 单纯从投入产出变化、市场结构、技术变迁或原料结构变化等角度出发的产业结构调整，效果可能都是不明显的。在区域创新网络外部性的作用下，对产业结构调整优化的要素不仅包含对不同产业和企业间开展的生产活动对于资源的优化配置，更多的是创新网络外部性对产业结构的优化。

关于传统动态外部性与产业结构的关系，学者已有很多研究。MAR外部性（或专业化外部性）[④] 来自于产业内部，产业的专业化程度越高，越有利于外部性的产生。知识溢出是同一产业信息交换的结果，既可以通过生产信息交换，也可以通过专业技术人员的流入与流出来完成。亨德森等（Henderson et al., 1995）研究认为，MAR 外部性通过学习和模仿效应对成熟行业和高新技术行业的发展起促进作用。2003 年，其基于各行业劳动生产率构建产业专业化指标，表明 MAR 通过交流效应促进美国高新技术产业劳动生产率的提高，进而优化产业结构。[⑤]

雅各布斯（Jacobs, 1969）认为，知识外溢来自于同一区位不同产业的专业所产生的外部性，行业间的差异性和互补性加快了新技术、新

① 丁焕峰. 技术扩散与产业结构优化的理论关系分析. 工业技术经济，2006（5）：95 – 98.
② 江小涓. 产业结构优化升级：新阶段和新任务. 财贸经济，2005（4）.
③ 李守伟，钱省三. 产业网络的复杂性研究与实证. 科学学研究，2006（8）：529 – 533.
④ MAR. 即马歇尔 – 阿罗 – 罗默外部性（Marshall – Arrow – Romer）.
⑤ Henderson J. V. Marshall a scale economies. Journal of urban economies, 2003, 53（1）：1 – 28.

术创新，就没有产业结构的演变；没有产业结构的演变就没有经济的持久增长。"陈效兰（2003）认为，技术创新创造新产品，这些新产品可以满足或诱发人们新的需求，这是技术创新对产业结构变化的直接作用；技术创新使社会劳动生产率提高，导致了技术进步，又间接影响产业结构的变化，因此，她认为创新是推进产业结构演变的根本动因。乔治·泰奇（Gregory Tassey）认为，共性技术具有公共产品的性质，是技术基础设施的一部分，是衔接基础研究和应用研究的桥梁，通过共性技术的开发能推动众多专项技术的商业化应用。共性技术可以是一种制约众多技术突破的关键核心技术和工艺，可以是一类与多个产业紧密相关的技术群，可以是规范一个产业或多个产业发展的技术标准（许端阳，徐峰，2010）。共性技术的市场失灵是指，共性技术的外部性导致纯市场机制的共性技术供给不足。传统的技术市场失灵是指，技术的市场交易成本太高，企业只能在内部进行技术研发。共性技术的研发，因为产权界定问题导致收益不能全部归研发者所有，企业的研发受人员、资金等的约束往往规模较小，由于研发的外部性，企业创新的市场很容易被模仿者占领。对于企业而言，由于进行技术创新的驱动力不足，进而导致整个产业的发展停滞。共性技术的研发借助区域创新网络外部性，可以由多个企业、科研机构或者中介机构组织一起研发，这样既解决共性技术的开发，同时避免出现组织失灵，导致扩散不够的情况。

区域创新网络内，既有的资源仍然是有限的，可供创新的资源更为稀缺。对于网络内的创新主体而言，需要获得资源，受其网络位置、行业发展状况、企业的社会关系等影响。随着技术的进步，技术创新的困难性和复杂性都在增加，风险和成本的高昂使得很多企业望而生畏。而在网络外部性作用下，产业的发展、资源的配置会受到网络内政府、相关中介机构等影响。由于资源环境具有公共品的特征，市场机制是失灵的，无法实现资源的有效配置，减轻生产和消费的负外部性问题。因此，在区域网络内，政策的设计，借助网络外部性将外部不经济问题造成的损失内在化是一条有效的路径。通过区域创新网络内主体之间的合作研发，基础技术的研发和扩散，进而推动企业进行基础技术之上专有技术的创新，推动企业之间形成规模化效应，推动产业的深加工，延伸产业链或发展循环产业链，产业链前向或后向的发展，使得产业结构不断优化。在区域创新网络外部性作用下，共性技术的研发可以由高校和科研院所或联合企业进行，政府政策支持和保障，中介机构提供金融服务等，政府发挥主导作用或引导作用，节约优质资源，企业可以更好地利用共性技术进行专有技术的研发。

技术创新学者陈效兰根据其对产业成长的影响和作用，分为突破性技术创新、改良性技术创新和转移式技术创新。突破性的技术创新，往往是直接生产出全新的产品，开拓一个新兴产业，这种技术的出现周期会很长，频率不会很高。但是，由于新技术带来的高额利润，使得区域内的企业争相模仿，进而产生产业的集聚或产业集群的出现，推动整个产业的发展和产业结构的演化。而当新技术的超额利润消失，企业进入改良性技术创新阶段，企业会根据自己在产业链条中的位置和对企业自身发展战略的规划以及产品的特性，对技术进行逐步改良或者整合。区域创新网络，带来创新的优势，使得企业可以在网络内充分享受网络产生的红利，对于企业而言，获得技术的难度和成本都降低，可以近距离观察竞争对手，同时可以和网络内的高校、科研机构进行联合创新，金融机构可以给企业提供便利的资金支持，这些都利用企业促进产业结构的优化。企业间形成产业集群，就是产业优化升级的途径之一。转移式技术创新，是依靠技术转移进行的技术创新。区域创新网络内产业多样、不同产业及技术创新的认知能力和吸收能力的差异，使不同产业的发展速度不一。在产业结构中占有核心地位的主导产业，正是那些能够大量吸收突破性技术创新成果促使生产率迅速上升的产业。当主导产业进入成熟期后，突破性技术创新逐渐被改良性的技术创新所取代，生产率提高速率和成本降低速率趋于减缓，意味着新的重大技术创新和新的主导产业即将出现。技术创新推动下的主导产业的依次更替，成为产业结构演变的显著标志和基本特征。

区域创新网络通过区域创新网络内的各联节点，使高校和科研院所可以对转移的新技术进行充分吸收和再创新；通过技术溢出或者和企业进行联合研发，对技术进行改良优化；中介服务机构利用自身拥有的与多重创新的市场主体之间的优势位置，可以为技术创新提供从产生到产业化的沟通、组织或协调作用。金融服务机构为技术创新提供必要的研究经费支撑或相应的政策扶持。

（三）人力要素

库兹涅茨认为，现代经济增长伴随着产业结构的转换和升级。人力资本是产业结构转型的根本，是经济增长的核心；[①] 产业结构的优化和升级，

---

① Ricardo Hausmann, Jason Hwang & Dani Rodrik 2007. What you export matters. Journal of Economic Growth, Springer, 2007, 12（1）.

实际上就是要素配置的优化和升级，而人力资本则是现代经济运行的重要要素。人力资本是一种特殊的生产要素，不仅能够有效地整合其他生产要素，提高劳动生产率，而且可以通过资源配置推动产业结构调整和升级。[1]人力资本具有创新性，能够把一般知识转化为专用知识，企业家人力资本更是创新的推动者。许多发展中国家的经济实践表明，阻碍经济结构调整的最主要障碍并不是自然资源，也不是物质资本条件，而是人力资本及其结构。[2] 异质性人力资本与多元化的产业结构的耦合，是产业结构优化升级的有力支撑（欧阳峣等，2010）。

区域网络由各种企业组成，每个企业的人才招聘和配置都是独立进行的，因此从区域整体角度来看，高端人才冗余和缺乏同时并存，各企业在某些领域竞争激烈而在某些领域无人问津，人力资源得不到合理利用，是人才和区域的一种损失。尤其对于区域创新网络而言，创新是发展的动力，创新性人才或者技术性的高端人力资本具有稀缺性，大部分企业只能拥有某个细分领域的高科技人才，但是现阶段的研发需要大量同行业人才和跨行业人才的合作，所有需要的人才都从企业内培养成本太高，因此企业间合作研发以进行人力资源的合理利用和配置就有其客观必然性。只有从区域的视角整合人力资源，才可以避免低层次人才的重复建设和高层次人才的建设不力，实现人力资源优势互补，最终推进企业和区域共同发展（程东全，2005）。

区域创新网络外部性作用的发挥，是借助区域网络平台来实现人力资本的整合，通过人才联合形成区域竞争优势，产生协同效应。创新网络内人力资本的流动、非正式的沟通和交流、合作研发等都能直接或间接地通过人才的配置实现的。这个过程中，技术人员所拥有的知识的溢出和隐性知识的显性化，促进新的知识和技术的产生。据相关研究显示，知识的流动性受其存在形式的影响。由于隐性知识的路径依赖性、非编码性，隐性知识都存在于人的大脑中，只有通过人与人之间的沟通交流才可以实现这种知识的传播。单一企业能给人才提供的与更高水平人才正式交流的机会相对较少。

安吉尔 D. （Angel D. ）对非正式交流促进企业成长的观点表示支持，他认为非正式交流不但可以带动单个企业的成长，也会对企业所处区域网络的整体创新产生影响。他通过调研发现，技术人员、企业家和中高层管

---

[1]　汪秀，田喜洲. 人力资本和产业结构互动关系研究综述. 重庆工商大学学报，2012（2）.
[2]　余长林. 人力资本投资结构与经济增长. 财经研究，2006（10）.

理者均存在非正式的交流，这种形式的交流沟通为知识在集群内的传播提供了途径。人才通过非正式交流所获得的信息、知识和经验会在有意识或者无意识的情况下带到自己的工作中，并且与自己所掌握的隐性知识进行合并或者碰撞，最终转化为创新力，推动企业和所在区域的创新研发水平。

考虑到其他企业财力、人力的互补及风险的共担，越来越多的企业选择与区域内的竞争者、互补者或者上下游企业进行合作研发，实现扬长避短、优势互补，推动技术和知识的共同进步和发展，以取得共赢的结果。区域创新网络中，每个企业所拥有的人才和其所掌握的知识是有差异的，正是这种差异推动了企业与其他机构的创新合作（王丹，陈芳芳，2010）。在企业与其他机构进行合作研发的过程中，需要研发人员进行"面对面"深层次的交流沟通，这个过程会伴随隐性知识单方面或者双向的溢出，也会有资源在企业之间进行流动，使资源在区域中的配置更加合理化。合作研发过程中溢出的隐性知识一般都是创新技术方面的内容，因此具有较高的价值，每个企业的科研人员水平虽然有高有低，但都是具有一定知识存量的人才，他们接收到的溢出知识和自身原有知识进行融合碰撞的过程便是知识创新的过程。合作企业的关系可能是小企业依附于大企业，也可能是实力相当的企业共同研发，无论是哪种情形，合作过程都是高端人力资源重新配置的过程。合作的参与者均是区域网络中的成员，借助网络外部性的溢出效应，他们的共同研发可以提升彼此的创新水平，对区域内其他企业的研发水平也会有一定的示范带动作用，即企业的合作研发有助于所处网络整体创新水平的提升，对区域内产业的优化具有推动作用。

（四）全球经济发展

在封闭经济条件下，产业结构优化受到区域要素供给、需求结构等因素的影响，遵循产业由低级向高级发展，产业结构变得越来越高级化、专业化。随着创新的开放、全球经济的快速发展，世界经济格局发生了很大变化：从贸易一体化、投资一体化发展至生产一体化，发达国家的知识密集型产业快速发展、产业结构快速切换，产业结构已经趋于服务化、生态化和知识化。区域产业的发展无法脱离全球市场独立发展，而是要根据自身的比较优势，将区域产业网络嵌入经济全球化过程中的某一产品价值链的一个环节。在价值链的分工深化过程中，每个价值环节都是一个连续的过程，只是由于经济全球化过程中的海外分包网络和海外投资等，完整价值链被片段化。

在开放经济条件下，借助于区域创新网络外部性，区域产业可以不需要经过初始产业发展，利用网络外部性的技术溢出或模仿效应等直接进入更高级的下级产业，发挥网络外部性的人力资本集聚效应，推动新兴产业的快速发展，甚至实现产业链的跨越式发展。区域内的产业发展，主导产业或龙头企业可以加速对先进技术的吸收、内化、再创新，通过"干中学"积累经验，甚至形成技术的反向传递，进而使得产业链向高端转化，抑或推动新产业的生成。创新网络内的其他企业，基于网络外部性的溢出效应，可以更便捷地获得相应的创新技术，改进自己的生产、调整产品，通过学习机制、创新机制等推动产品的升级、工艺流程的升级，甚至产业链的延伸、上下游产业的联动等。

在全球经济条件下，国际贸易与区位贸易的发展竞争加剧，促进区域内产业必须不断创新来推动产业优化升级。赤松要曾以日本产业结构演化为例，提出"雁行产业发展形态论"，阐释在开放经济条件下的产业结构演变模式：即日本产业发展经历了"进口—进口替代—出口—重新出口"四个阶段。就是通过对拥有先进技术的国际资本品进行引进、吸收与创新，并与日本当地的廉价劳动力优势相结合，进而推动本国产业结构的优化升级。这种"进口—进口替代—出口—重新出口"的更替，是后进国家参与国际分工、实现产业升级的基本途径。①

随着全球化的发展和全球价值链的分工细化，区域产业的结构优化受到区域投资的影响，产业关联效应加强。在全球化经济的分工体制下，由于外商投资引入新产业，经过区域产业网络和区域内创新网络外部性的作用，通过制度创新、溢出效应等，不仅带来技术的变迁，而且通过与区域内原有企业间上下游之间的纵向关联影响，促进区域产业结构的优化升级。

---

① 黄茂兴，冯潮华．技术选择与产业结构升级．社会科学出版社，2007：32．

第四章

天津市产业结构的现状、问题及优化方向

随着"京津冀"一体化战略的实施,天津市作为"京津冀"三地重要的经济纽带,其产业布局、产业发展方向以及各产业的定位都进行了大幅度调整。新产业、新业态集聚加速,服务业在整个国民生产总值(GDP)中所占的比重超过半数,产业结构优化升级取得了较好成绩,创新发展取得了明显成效,如住宿业、餐饮业和金融业的竞争优势突出。但天津市产业结构依然存在一定的不合理,如交通、建筑、旅游等竞争优势不明显,第三产业的发展力度不够、高新技术企业占比偏低等问题依然存在。基于此,本章重点分析了天津市产业结构的现状、总结目前存在的问题,提出未来进一步优化的方向。

第一节　天津市产业结构的现状

"京津冀"三地相接,形成地域一体、文化一脉、相互促进、相互融合的发展态势。天津市在"京津冀"发展中具有重要的战略地位和区位优势,天津市各产业的稳步发展为"京津冀"协同发展做出了重要贡献。

一、"京津冀"国民生产总值及产业布局总体情况

(一)"京津冀"国民生产总值总体情况

自 2007~2016 年的 10 年间,"京津冀"国民生产总值稳步提升,在全国 GDP 中所占比值都在 10% 以上,占比较为稳定,但从京津冀 GDP 对

全国 GDP 的总体贡献度看，2007～2015 年呈下降的趋势，虽然 2011 年和 2012 年有所回升，但回升幅度不大，2016 年较 2015 年提升了 0.1%，见表 4.1、图 4.1 和图 4.2。

表 4.1　　　　　　　　　　　京津冀 GDP 和全国 GDP

年份	2016	2015	2014	2013	2012
全国 GDP（亿元）	743585.5	689052.1	643974	595244.4	540367.4
京津冀 GDP（亿元）	75624.97	69358.89	66478.91	62685.77	57348.29
京津冀 GDP 在全国 GDP 中占比（%）	10.1703	10.0658	10.3232	10.5311	10.6128
年份	2011	2010	2009	2008	2007
全国 GDP（亿元）	489300.6	413030.3	349081.4	319515.5	270232.3
京津冀 GDP（亿元）	52074.97	43732.3	36910.36	33845.98	28706.89
京津冀 GDP 在全国 GDP 中占比（%）	10.6427	10.5882	10.5736	10.5929	10.6230

资料来源：根据 http：//data. stats. gov. cn/easyquery. htm？cn = E0103 – 年度数据，经作者整理计算而得。

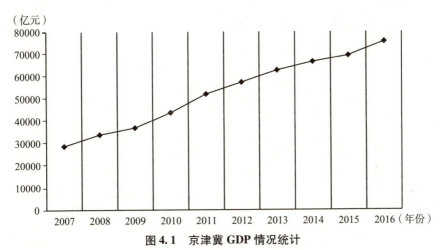

（亿元）

图 4.1　京津冀 GDP 情况统计

资料来源：根据表 4.1，作者绘制。

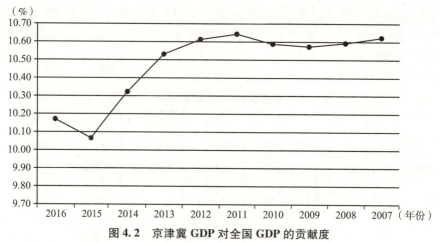

图4.2 京津冀 GDP 对全国 GDP 的贡献度

资料来源：根据表4.1，作者绘制。

（二）京津冀产业布局总体情况

1. 京津冀各地总产值情况比较

京津冀各地的总产值都表现出较稳定的增长趋势，河北省的总产值最高，其次是北京和天津。从增长幅度看，京津冀各地均表现出不稳定的变化趋势。2007 年，北京市的增长幅度是最大的，2008～2014 年的 7 年间天津市的增长幅度一直是最大的，2015 年和 2016 年，北京市的增长幅度最大，见表4.2、图4.3 和图4.4。

表4.2　　　　　　　　　京津冀各地总产值情况统计

年份	2007	2008	2009	2010	2011
北京市总产值（亿元）	9846.81	11115	12153.03	14113.58	16251.93
天津市总产值（亿元）	5252.76	6719.01	7521.85	9224.46	11307.28
河北省总产值（亿元）	13607.32	16011.97	17235.48	20394.26	24515.76
北京市总产值增长率（%）	27.54	12.88	9.34	16.13	15.15
天津市总产值增长率（%）	17.70	27.91	11.95	22.64	22.58
河北省总产值增长率（%）	18.32	17.67	7.64	18.33	20.21
年份	2012	2013	2014	2015	2016
北京市总产值（亿元）	17879.4	19800.81	21330.83	23014.59	25669.13
天津市总产值（亿元）	12893.88	14442.01	15726.93	16538.19	17885.39
河北省总产值（亿元）	26575.01	28442.95	29421.15	29806.11	32070.45

续表

年份	2012	2013	2014	2015	2016
北京市总产值增长率（%）	10.01	10.75	7.73	7.89	11.53
天津市总产值增长率（%）	14.03	12.01	8.90	5.16	8.15
河北省总产值增长率（%）	8.40	7.03	3.44	1.31	7.60

资料来源：根据 http：//data.stats.gov.cn/easyquery.htm？cn＝E0103－年度数据，经作者整理计算而得。

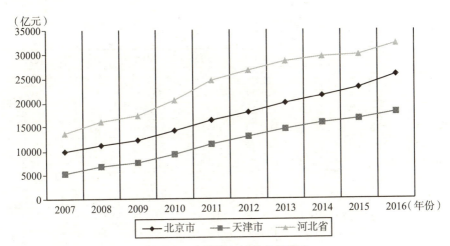

图4.3　京津冀各地总产值情况

资料来源：根据表4.2，作者绘制。

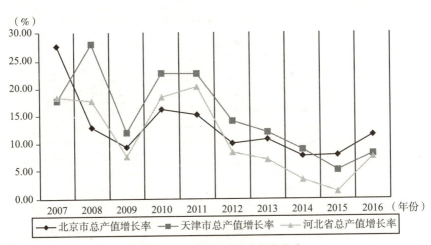

图4.4　京津冀各地总产值变化率

资料来源：根据表4.2，作者绘制。

2. 京津冀各产业的总体情况

（1）京津冀第一产业总体情况。

自 2007～2016 年的 10 年间，京津冀第一产业增加值保持平稳的增长趋势，历年的总增加值均在 2000 亿元以上。从京津冀第一产业总增加值对全国第一产业总增加值的贡献程度来看，2008 年比 2007 年略有下降，2009 年比 2008 年有大幅提升，2010～2016 年总体呈下降趋势，见表 4.3、图 4.5 和图 4.6。

表 4.3　　　　　　　　　　　京津冀第一产业增加值统计

年份	2016	2015	2014	2013	2012
全国第一产业增加值（亿元）	63672.8	60862.1	58343.5	55329.1	50902.3
北京市第一产业增加值（亿元）	129.79	140.21	158.99	159.64	150.2
天津市第一产业增加值（亿元）	220.22	208.82	199.9	186.96	171.6
河北省第一产业增加值（亿元）	3492.81	3439.45	3447.46	3381.98	3186.66
京津冀第一产业增加值（亿元）	3842.82	3788.48	3806.35	3728.58	3508.46
京津冀在全国占比（%）	6.0353	6.2247	6.5240	6.7389	6.8925
年份	2011	2010	2009	2008	2007
全国第一产业增加值（亿元）	46163.1	39362.6	34161.8	319515.5	270232.3
北京市第一产业增加值（亿元）	136.27	124.36	118.29	112.83	101.26
天津市第一产业增加值（亿元）	159.72	145.58	128.85	122.58	110.19
河北省第一产业增加值（亿元）	2905.73	2562.81	2207.34	2034.59	1804.72
京津冀第一产业增加值（亿元）	3201.72	2832.75	2454.48	2270	2016.17
京津冀在全国占比（%）	6.9357	7.1966	7.1849	0.7105	0.7461

资料来源：根据 http：//data.stats.gov.cn/easyquery.htm? cn = E0103 - 年度数据，经作者整理计算而得。

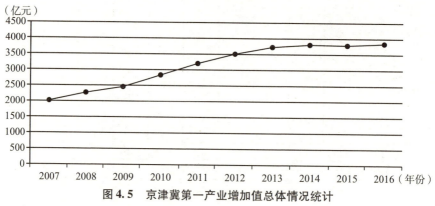

图 4.5　京津冀第一产业增加值总体情况统计

资料来源：根据表 4.3，作者绘制。

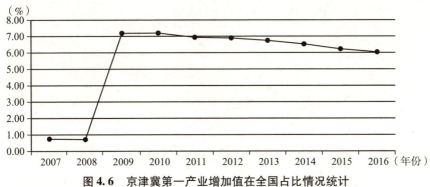

图4.6 京津冀第一产业增加值在全国占比情况统计

资料来源：根据表4.3，作者绘制。

（2）京津冀第二产业总体情况。

自2007~2016年的十年间，京津冀第二产业增加值保持平稳增长趋势，各年的总增加值均在12000亿元以上，但从京津冀第二产业总增加值对全国第二产业总增加值的贡献度看，十年间表现出不稳定的变动趋势。2007~2011年的五年间呈现出稳定的增长趋势，2011~2014年呈现出逐年下降的趋势，2015年贡献度有所提升，2016年对全国第二产业的贡献度有所下降，见表4.4、图4.7和图4.8。

表4.4　　　　　　　　　　京津冀第二产业增加值统计

年份	2016	2015	2014	2013	2012
全国第二产业增加值（亿元）	296547.7	282040.3	277571.8	261956.1	244643.3
北京市第二产业增加值（亿元）	4944.44	4542.64	4544.8	4292.56	4059.27
天津市第二产业增加值（亿元）	7571.35	7704.22	7731.85	7275.45	6663.82
河北省第二产业增加值（亿元）	15256.93	14386.87	15012.85	14781.85	14003.57
京津冀第二产业增加值（亿元）	27772.72	26633.73	27289.5	26349.86	24726.66
京津冀在全国占比（%）	9.3653	9.4432	9.8315	10.0589	10.1072
年份	2011	2010	2009	2008	2007
全国第二产业增加值（亿元）	227038.8	191629.8	160171.7	149956.6	126633.6
北京市第二产业增加值（亿元）	3752.48	3388.38	2855.55	2626.41	2509.4
天津市第二产业增加值（亿元）	5928.32	4840.23	3987.84	3709.78	2892.53
河北省第二产业增加值（亿元）	13126.86	10707.68	8959.83	8701.34	7201.88

续表

年份	2011	2010	2009	2008	2007
京津冀第二产业增加值（亿元）	22807.66	18936.29	15803.22	15037.53	12603.81
京津冀在全国占比（%）	10.05	9.88	9.87	10.03	9.95

资料来源：根据 http：//data. stats. gov. cn/easyquery. htm? cn = E0103 - 年度数据，经作者整理计算而得。

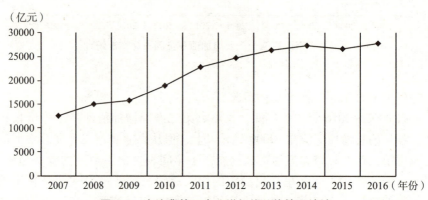

图4.7　京津冀第二产业增加值总体情况统计

资料来源：根据表4.4，作者绘制。

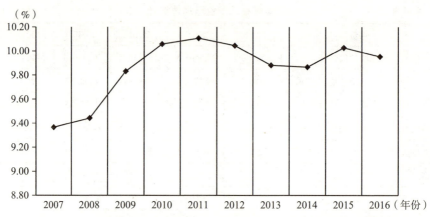

图4.8　京津冀第二产业增加值对全国的第二产业增加值的贡献度

资料来源：根据表4.4，作者绘制。

（3）京津冀三地第三产业总体情况。

自2007～2016年的十年间，京津冀三地第三产业增加值保持持续增长趋势，其中，2013年较2012年增长幅度是最大的，其他各年都是平稳增长。从京津冀第三产业增加值占全国第三产业增加值的比重看，第三产业相对于第一产业和第二产业，呈现出逐年稳步增长的趋势，而且各年的第三产业增加值占全国第三产业增加值的比重明显高于第一产业和第二产业，见表4.5、图4.9和图4.10。

表4.5　　　　　　　　　京津冀第三产业增加值统计

年份	2007	2008	2009	2010	2011
全国第三产业增加值（亿元）	126633.6	149956.6	154747.9	182038	216098.6
北京市第三产业增加值（亿元）	2509.4	2626.41	2855.55	3388.38	3752.48
天津市第三产业增加值（亿元）	2250.04	2886.65	3405.16	4238.65	5219.24
河北省第三产业增加值（亿元）	4600.72	5276.04	6068.31	7123.77	8483.17
京津冀第三产业增加值（亿元）	9360.16	10789.1	12329.02	14750.8	17454.89
京津冀在全国占比（%）	7.3915	7.1948	7.9672	8.1031	8.0773
年份	2012	2013	2014	2015	2016
全国第三产业增加值（亿元）	244821.9	277959.3	308058.6	346149.7	383365
北京市第三产业增加值（亿元）	4059.27	15348.61	16627.04	18331.74	20594.9
天津市第三产业增加值（亿元）	6058.46	6979.6	7795.18	8625.15	10093.82
河北省第三产业增加值（亿元）	9384.78	10279.12	10960.84	11979.79	13320.71
京津冀第三产业增加值（亿元）	19502.51	32607.33	35383.06	38936.68	44009.43
京津冀在全国占比（%）	7.9660	11.7310	11.4858	11.2485	11.4798

资料来源：http：//data. stats. gov. cn/easyquery. htm？ cn = E0103 - 年度数据查询，经作者整理计算而得。

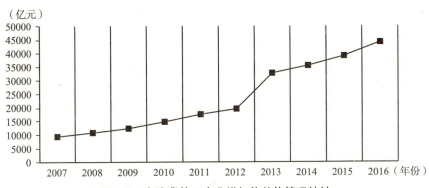

图4.9　京津冀第三产业增加值总体情况统计

资料来源：根据表4.5，作者绘制。

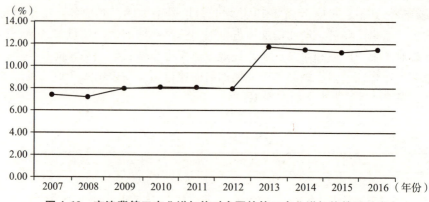

图 4.10　京津冀第三产业增加值对全国的第三产业增加值的贡献度

资料来源：根据表4.5，作者绘制。

二、天津市产业布局总体情况

（一）天津市产业布局总体情况

1. 天津市总产值

在京津冀协同发展战略的引导下，在新的定位和发展趋势下，2007～2016 年的十年间总产值呈稳定、快速上升的增长趋势，2016 年达到 17885.39 亿元，见表 4.1 和表 4.2。2007～2016 年的十年间，天津市总产值的变动表现出不稳定的趋势，但总体上各年的生产总值都在增长。2008 年增长幅度最大，增长率为 27.914%，之后为 2010 年和 2011 年，增长幅度也超过了 20%，2015 年增长幅度是最小的，但也在 5% 以上，见图 4.3 和图 4.4。

2. 天津市各产业对京津冀的贡献情况

根据国家统计数据公布的天津市各产业产值统计结果显示，天津市总产值对京津冀的总体贡献度呈平稳上升的趋势，每年增长幅度变化不大。从天津市各产业对京津冀的贡献情况看，第一产业保持平稳的贡献，均在 5% 上下波动，波动幅度不大。第二产业在 2007～2015 年间表现出稳定的增长趋势，2016 年略有下降，下降幅度不大，2012 年以后第二产业的占比在三大产业中最高；第三产业在 2007～2012 年的六年间呈现出上升趋势，2013 年有所下降，2014～2015 年表现出小幅增长趋势，见图 4.11。

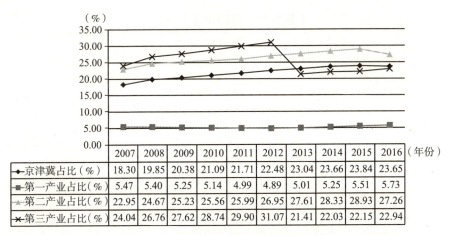

（%）	2007	2008	2009	2010	2011	2012	2013	2014	2015	2016	（年份）
京津冀占比（%）	18.30	19.85	20.38	21.09	21.71	22.48	23.04	23.66	23.84	23.65	
第一产业占比（%）	5.47	5.40	5.25	5.14	4.99	4.89	5.01	5.25	5.51	5.73	
第二产业占比（%）	22.95	24.67	25.23	25.56	25.99	26.95	27.61	28.33	28.93	27.26	
第三产业占比（%）	24.04	26.76	27.62	28.74	29.90	31.07	21.41	22.03	22.15	22.94	

图 4.11　天津市各产业对京津冀的贡献情况

资料来源：根据 http：//data. stats. gov. cn/easyquery. htm？cn = E0103 – 年度数据，经作者整理计算而得。

（二）天津市各产业的分布情况

1. 各产业增长迅速

从表 4.6 和图 4.12 的统计分析结果可以看出，在京津冀一体化协同发展的战略思想的指引下，天津市产业结构发生了明显变化。2007 年的各产业结构比为 2.10∶55.07∶42.84，到 2016 年的各产业结构比为 1.23∶42.33∶56.44。如表 4.6 和图 4.12 所示，天津市第一产业的比重呈现平稳、小幅度下降趋势，从 2007 年的 2.10% 到 2016 年的 1.23%；第二产业的比重呈现持续下降趋势，其占比从 2007 年的 55.07% 到 2016 年的 42.33%；第三产业的比重呈现上升趋势，占比不断增加，从 2007 年的 42.84% 上升到 2016 年的 56.44%。第二产业虽然为天津市的主导产业，在 2007~2014 年一直是占比最大的，但是到 2015 年和 2016 年其占比低于第三产业。这就说明天津市以第三产业占比不断增加为发展趋势的新产业格局正在逐步形成，见表 4.6、图 4.12。天津市积极响应国家政策，大力扶持优势产业的发展，高端装备、航空航天、生物医药与健康、新材料等重点新兴产业产值增长迅速，传统的石化产业利润增长迅速，生产性服务业在全市服务业中的比重依然在 70% 以上。

表4.6　　　　　　　　天津市各产业增加值的分布情况　　　　　单位：亿元

年度	第一产业	第二产业	第三产业	总产值
2007	110.19	2892.53	2250.04	5252.76
2008	122.58	3709.78	2886.65	6719.01
2009	128.85	3987.84	3405.16	7521.85
2010	145.58	4840.23	4238.65	9224.46
2011	159.72	5928.32	5219.24	11307.28
2012	171.60	6663.82	6058.46	12893.88
2013	186.96	7275.45	6979.60	14442.01
2014	199.90	7731.85	7795.18	15726.93
2015	208.82	7704.22	8625.15	16538.19
2016	220.22	7571.35	10093.82	17885.39

资料来源：根据 http：//data. stats. gov. cn/easyquery. htm? cn = E0103 – 年度数据，经作者整理计算而得。

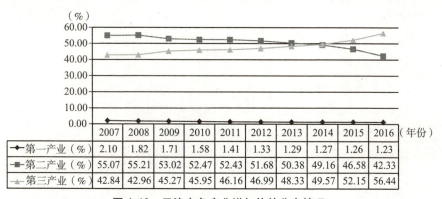

图4.12　天津市各产业增加值的分布情况

资料来源：根据表4.6，作者绘制。

2. 第一产业内部发展情况

天津市农业农村委员会制定出台了《关于加快发展现代都市型农业促进农民增收的意见》和《关于支持500个困难村发展经济的实施方案》①，明确加快发展现代都市型农业和支持"困难村"经济发展的目标、途径和政策。这些政策的出台和执行加快了天津市现代都市型农业的发展。天津市农业发展保持平稳的发展趋势，2007～2016年保持稳定的增长趋势，2007年农业总产值为117.6亿元，2016年增长到244.31亿元，十年间的增长幅度为107.75%，见图4.13、图4.14。从第一产业产值内部构成图看，

———

① 资料来源：天津市人民政府网. http：//www. tj. gov. cn/。

农业呈现稳步增长的趋势，牧业和渔业呈现下降趋势，林业除了 2009 年出现较大幅度下降外，其他年度发展较为平稳。因此，从内部结构分析可以看出，天津市第一产业中农业为主导业；之后是牧业；最后是渔业和林业。

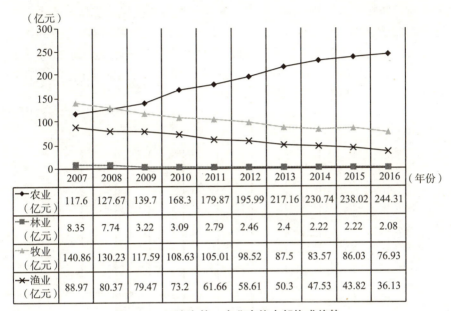

（亿元）	2007	2008	2009	2010	2011	2012	2013	2014	2015	2016 （年份）
◆农业（亿元）	117.6	127.67	139.7	168.3	179.87	195.99	217.16	230.74	238.02	244.31
■林业（亿元）	8.35	7.74	3.22	3.09	2.79	2.46	2.4	2.22	2.22	2.08
▲牧业（亿元）	140.86	130.23	117.59	108.63	105.01	98.52	87.5	83.57	86.03	76.93
✕渔业（亿元）	88.97	80.37	79.47	73.2	61.66	58.61	50.3	47.53	43.82	36.13

图 4.13　天津市第一产业产值内部构成趋势

资料来源：根据 http：//data. stats. gov. cn/easyquery. htm？cn = E0103 – 年度数据，作者整理计算绘制而得。

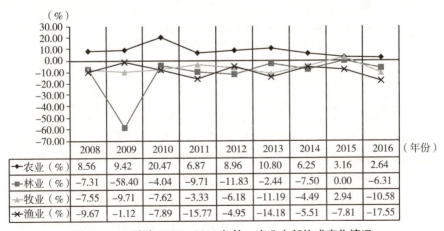

（%）	2008	2009	2010	2011	2012	2013	2014	2015	2016 （年份）
◆农业（%）	8.56	9.42	20.47	6.87	8.96	10.80	6.25	3.16	2.64
■林业（%）	−7.31	−58.40	−4.04	−9.71	−11.83	−2.44	−7.50	0.00	−6.31
▲牧业（%）	−7.55	−9.71	−7.62	−3.33	−6.18	−11.19	−4.49	2.94	−10.58
✕渔业（%）	−9.67	−1.12	−7.89	−15.77	−4.95	−14.18	−5.51	−7.81	−17.55

图 4.14　天津市 2007 ~ 2016 年第一产业内部构成变化情况

资料来源：根据 http：//data. stats. gov. cn/easyquery. htm？cn = E0103 – 年度数据，作者整理计算绘制而得。

3. 第二产业内部构成情况

天津市作为老工业基地，第二产业一直是天津市产业发展的关键所在。自 2009～2016 年，航空航天、石油化工、装备制造、电子信息、生物医药、新能源新材料、国防科技、轻工纺织等八大优势支柱产业占工业比重均超过 90%。[①] 根据图 4.15 和图 4.16 可知，天津市第二产业的发展呈现出稳定的上升趋势，工业从 2007 年的 2661.87 亿元上升到 2016 年的 6805.13 亿元，增长了 155.65%；建筑业从 2007 年的 230.66 亿元上升到 2016 年的 786.69 亿元，增长了 241.15%。

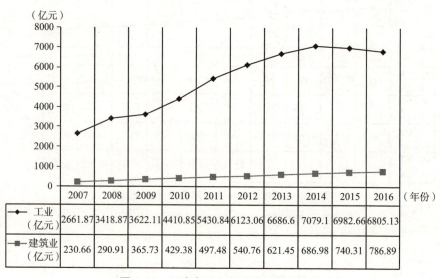

（亿元）	2007	2008	2009	2010	2011	2012	2013	2014	2015	2016 （年份）
工业（亿元）	2661.87	3418.87	3622.11	4410.85	5430.84	6123.06	6686.6	7079.1	6982.66	6805.13
建筑业（亿元）	230.66	290.91	365.73	429.38	497.48	540.76	621.45	686.98	740.31	786.89

图 4.15　天津市工业和建筑业发展情况

资料来源：根据 http：//data. stats. gov. cn/easyquery. htm？cn = E0103 – 年度数据，作者整理绘制。

2009 年是八大支柱产业的优势初步形成年。依托工业的发展促进了产业结构的优化升级，有效地应对了国际金融危机对天津市发展的影响。2010 年，战略性新兴产业初具规模，实施重大工业项目 120 项，总投资 5700 亿元，新投产项目对工业增长的贡献率超过 65%。[②] 2011 年，天津市工业总产值达到 2.1 万亿元，拉动全市经济增长近 10%，[③] 产业聚集效

---

①②　资料来源：天津市人民政府网. http：//www. tj. gov. cn/：2010～2017 年政府工作报告.
③　资料来源：国家统计局.

应进一步显现，八大优势支柱产业对工业增长的贡献率达到90%。① 2012年，天津市先进制造业不断发展壮大，全市工业总产值达到2.4万亿元，战略性新兴产业快速发展，国家循环经济试点城市建设加快推进。② 2013年，天津市战略性新兴产业不断发展壮大，智慧天津建设全面启动，天津市信息化水平进一步提高，有效地推动了天津市第二产业的发展。③ 2014年，先进制造业重大项目建设加快推进，工业总产值超过3万亿元，优势产业依然保持快速的发展势头。④ 2015年，天津市工业总产值较2014年有所下降，天津市国家自主创新示范区获批建设，"一区二十一园"的格局基本形成，同时天津市推出智能机器人、新能源汽车等一批重大科技专项，开发出"天河一号""曙光星云"等一批国际领先的技术产品。⑤ 2016年，天津市工业总产值进一步提升，先进制造业实力进一步壮大，航空航天、高端装备等十大支柱产业集群占全市工业比重达到77%。⑥

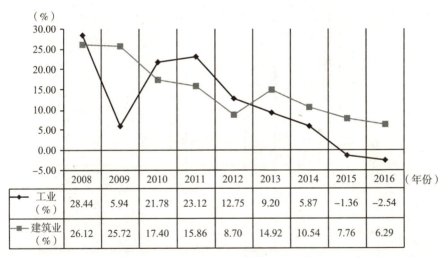

（年份）	2008	2009	2010	2011	2012	2013	2014	2015	2016
工业（%）	28.44	5.94	21.78	23.12	12.75	9.20	5.87	-1.36	-2.54
建筑业（%）	26.12	25.72	17.40	15.86	8.70	14.92	10.54	7.76	6.29

图4.16　天津市工业和建筑业变动情况

资料来源：根据 http：//data. stats. gov. cn/easyquery. htm？cn = E0103 - 年度数据，作者整理计算绘制而得。

---

① 资料来源：天津市人民政府网 . http：//www. tj. gov. cn；天津市 2012 年政府工作报告 .
② 资料来源：天津市人民政府网 . http：//www. tj. gov. cn；天津市 2013 年政府工作报告 .
③ 资料来源：天津市人民政府网 . http：//www. tj. gov. cn；天津市 2014 年政府工作报告 .
④ 资料来源：天津市人民政府网 . http：//www. tj. gov. cn；天津市 2015 年政府工作报告 .
⑤ 资料来源：天津市人民政府网 . http：//www. tj. gov. cn；天津市 2016 年政府工作报告 .
⑥ 资料来源：天津市人民政府网 . http：//www. tj. gov. cn；天津市 2017 年政府工作报告 .

4. 第三产业内部构成情况

天津市第三产业在京津冀协同化发展中发挥了重要的作用。伴随着云计算、大数据、"互联网＋"、跨界整合等新名词的出现，行业间的边界日渐模糊，越来越多的企业实现了跨行业发展，这些都驱动了第三产业的发展。在第三产业内部，2007～2016 年的十年间批发业和零售业保持稳定上升趋势，从 2007 年的 588.5 亿元上升到 2016 年的 2256.54 亿元，每年增长率在 22% 以上，2009 年较 2008 年的增长幅度是最大的，增长率为 28.05%。交通运输、仓储和邮政业在这十年间变动比较稳定，从 2007 年的 334.67 亿元上升到 2016 年的 725.31 亿元，增长率为116.72%。住宿和餐饮业保持稳定上升趋势，从 2007 年的 92.61 亿元上升到 2016 年的 292.11 亿元，增长了 215.42%。金融业保持持续上升趋势，从 2007 年 288.17 亿元增长到 2016 年的 1793.57 亿元，增长率为522.40%。房地产业也保持稳定增长趋势，从 2006 年 183.44 亿元增长到2016 年的 8059.52 亿元，增长率为 339.34%，见图 4.17 和图 4.18。

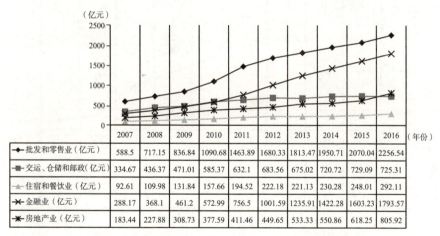

（亿元）	2007	2008	2009	2010	2011	2012	2013	2014	2015	2016
批发和零售业（亿元）	588.5	717.15	836.84	1090.68	1463.89	1680.33	1813.47	1950.71	2070.04	2256.54
交运、仓储和邮政（亿元）	334.67	436.37	471.01	585.37	632.1	683.56	675.02	720.72	729.09	725.31
住宿和餐饮业（亿元）	92.61	109.98	131.84	157.66	194.52	222.18	221.13	230.28	248.01	292.11
金融业（亿元）	288.17	368.1	461.2	572.99	756.5	1001.59	1235.91	1422.28	1603.23	1793.57
房地产业（亿元）	183.44	227.88	308.73	377.59	411.46	449.65	533.33	550.86	618.25	805.92

图 4.17 天津市第三产业主要行业内部构成情况

资料来源：根据 http：//data. stats. gov. cn/easyquery. htm？cn = E0103 － 年度数据，作者整理计算绘制而得。

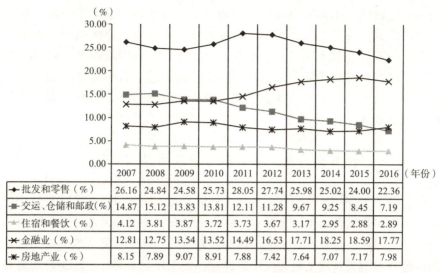

	2007	2008	2009	2010	2011	2012	2013	2014	2015	2016	（年份）
◆ 批发和零售（%）	26.16	24.84	24.58	25.73	28.05	27.74	25.98	25.02	24.00	22.36	
■ 交运、仓储和邮政(%)	14.87	15.12	13.83	13.81	12.11	11.28	9.67	9.25	8.45	7.19	
▲ 住宿和餐饮（%）	4.12	3.81	3.87	3.72	3.73	3.67	3.17	2.95	2.88	2.89	
✕ 金融业（%）	12.81	12.75	13.54	13.52	14.49	16.53	17.71	18.25	18.59	17.77	
✳ 房地产业（%）	8.15	7.89	9.07	8.91	7.88	7.42	7.64	7.07	7.17	7.98	

图 4.18 天津市第三产业主要行业内部构成增减变动情况

资料来源：根据 http：//data. stats. gov. cn/easyquery. htm？cn = E0103 – 年度数据，作者整理计算绘制而得。

第二节 天津市产业结构转型升级存在的不足

一、融资失衡，跨区域投资不足

随着经济的发展，催生了很多新兴传媒企业、高新技术企业，由于这些企业经营业务的特殊性，导致其收益不确定、风险较大，不利于融资。中小企业由于自身信用不高，缺乏风险共担机制与多层次的信用担保体系，造成融资困难。对于这些新兴企业进行考核都是由地方政府或企业自行考核，缺乏区域之间的横向考核，限制了跨区域的投资。虽然民间融资平台发展迅速，为企业提供了较便利的融资渠道，但部分企业出现膨胀和无度发展，造成管理混乱、治理结构不健全、信息透明度低、利率较高，投资人无法确切评估融资企业的偿债能力，带来风险隐患。

二、专业人才流失与补充不足

由于工作条件和人文环境等因素，造成区域内高素质人才的流失，研发力量薄弱，不能实现知识的创新升级，行业内专业人才分散，缺少有效的沟通交流活动，无法形成区域人才集聚效应。企业利用负责人多年积累的人脉在技术上寻求合作和突破，比如，和国外的一些拥有专利和技术的朋友进行沟通联系来获取新技术的信息。有些行业（如生物制药中疫苗的生产）同行太少，很多交流合作无法展开，很难实现企业间的协同创新。

三、产业内升级、创新与专业化不足

目前，部分产业结构还未得到有效地改善，产业的协调发展与结构提升还需进一步加强，生产要素未实现优化组合，同时技术水平、管理水平与产品质量不高造成产业素质与产业效率较低。部分企业生产的产品或提供的服务未能较好地实现人性化的设计，创新程度不够，不能满足消费者个性化的需求与预期。部分企业过度追求多元化发展，造成专业化水平不足，提供的产品或服务过多，势必会分散资源，专业效果就会打折扣，不利于企业品牌的发展与培育。部分企业的产品或服务种类与经营方式更新较慢，导致产品或服务失去市场，影响产业升级。

四、政策缺乏连续性与可操作性

政策缺乏一定的稳定性，政策与政策之间缺乏连续性，如部分企业确实属于转型升级的典型，但对照"政府转新办"对转型升级资助的政策，没有找到适用的类型，致使企业无法享受到相应的政策。同时政府政策支持力度不够，部分产业政策制定得过于宏观，致使部分企业在执行过程中，对很多政策理解不透彻，无法具体执行，影响产业升级。部分新兴企业由于其生产的产品或服务的特殊性、新颖性，现有产业政策的缺失致使这部分企业无政策可参考。部分高技术行业招商引资力度和开放力度不足，引进国外同类产品或同行业生产型企业不足造成区域内高端产品产量不足。例如，在生物制药方面，疫苗生产及开发的区内企业竞争力度不够，政策扶持对象标准弹性不足，对于部分企业，政策规定过于死板，造成部分企业无法享受升级的扶持资金。

第三节　天津市产业结构优化的方向

从以上对天津市产业结构现状的分析来看，尽管在改变开放后，天津市产业结构不断优化升级，各层次产业得到了极大发展，不过仍然可以看到，天津市当前在推进转型升级过程中仍然面临不少矛盾和问题。一方面，支撑经济发展的新增长点尚未稳固形成，从制造业看，传统产业的发展优势日趋弱化，战略性新兴产业尚处于培育阶段；从服务业看，现代服务业发展相对滞后，新兴服务业发展受制度性"瓶颈"约束仍然较多。另一方面，发展动力转换任重道远。产能过剩、要素成本上升、创新能力不足等系列问题短期内难以根本破解，制约市场经济活力、发展方式转变的体制机制障碍依然存在。

一、注重产品或服务的理念创新

在低碳经济环境下，企业生产的产品或提供的服务应尽量低碳、环保、绿色、健康，产品的工艺应尽量符合人体工学的要求。企业在确定其产品或服务设计与工艺理念时应满足以下几个方面：第一，企业设计的产品或服务，应是有生命力的产品或经营项目；第二，企业要提供健康、环保、绿色的产品，不仅要求产品外形设计美观，更要求其体现人文关怀与消费者个性化的需求。

二、推动"互联网＋"时代的全产业升级

如今，"互联网＋"已成为传统企业产业升级的推动力，在大数据环境下，某一细分的消费群体可以精准定位。在移动互联的情境下，作为"智能管道"的天津通信业需要持续升级，引领"互联网＋"时代，支撑和服务智能制造，促进工业互联网发展，推动传统产业转型升级，实现新兴产业弯道超车。互联网与研发、服务等环节深度融合，用户能更多地借助互联网参与企业生产经营活动的环节，进一步拓展互联网的生产属性和服务范畴，推动生产制造环节的变革。互联网与制造企业融合，加强产品生命周期的管控能力，实现服务延伸，促使产品的价值由加工环节向研

发、维护保养、整体解决方案等价值链高端环节跃升，形成大规模个性化定制、社区营销、产品全生命周期管理等创新模式，延长价值创造周期，提升企业的利润空间。互联网与工业融合创新，发挥工业和互联网各自的优势，加快构建结构优化、技术先进、清洁安全、附加值高、吸纳就业能力强的现代产业体系，推动信息化和工业化的深度融合。

■ 三、重视产业内升级，推进产品高端化发展

现在更多的是在强调产业链升级，而忽视了产业内升级，有效的产业升级与创新应做到以下几点：第一，产业内各要素有效地配置，实现优化组合，避免资源的浪费与冗余。第二，企业应将产品定位在高端市场，避开传统的价格与营销竞争，依靠技术开发和产品的升级赢得市场。第三，企业打造自身的技术平台，加强与科研院所和高校的研发合作，将产业链向前延伸，如从产品的生产向研发延伸，将科研院所的实验成果到产品生产转换的整个过程联通起来。第四，在多元化生产经营中，要保证产品的专业化与独特性，发展和培育自身品牌。

■ 四、形成科学的利益分配方式，吸引人才

采取多元化的利益分配方式，增加股权激励、期权激励或提高其比例，重视激励的长期性与连贯性，适应利益相关者保护和激励的需要，尤其是员工作为企业最重要的利益相关者更需要合理的利益分配机制。让企业的利益相关者参与企业的治理，共同分享企业价值。充分考虑利益相关者的利益，将其与企业生存发展紧密联系起来，按其价值创造过程中贡献的大小进行利益分配；搭建信息交流平台，构建人才信息库，以便人才进行充分交流、沟通及合理地流动。充分发挥移动互联的作用，弥补"面对面"交流的时空限制；新创企业提供吸引人才的薪资福利及创建留住人才的企业文化，实现产业内人才的再配置。充分利用大学生人力资源储备，在工作实践中鼓励他们通过"干中学"实现技术进步和人力资本提高，并在"干中学"中进行渐进式技术创新。

■ 五、增强政策连续性、互补性与可操作性

积极营造良好的创新环境，吸引各类创新资源要素向天津市汇聚。发

挥市场竞争激励创新的根本性作用，营造公平、开放、透明的市场环境，强化竞争政策和产业政策对创新的引导，促进优胜劣汰。要切实减少审批事项、简化审批程序，真正让市场导向的回归市场、企业自主的归还企业，优化政府服务举措，为创新企业和投资发展开辟"绿色通道"。对于部分在技术上属于新兴产业的企业，应当视具体情况，对其产业升级给予一定扶持。如实行补贴性投入、优惠的贷款政策和低税率政策，降低产业升级企业的税收融资成本，增加收益。同时，通过政策扶持以及宣传，吸引更多高技术企业进驻，提升该行业在天津市的发展水平，鼓励新兴支柱产业。各项产业政策的制定要有前后连续性，政策之间的互补性，通过量化或可量化的规程保证企业在执行相关产业政策时具有可操作性。同时各项产业政策要有一定的弹性，产业内有新的企业出现时能够扩展或应用相应的产业政策。

　　总之，在进行产业升级时，要有政府相关政策的支持与扶持，保证理念创新和工艺创新。在移动互联的情境下，充分发挥互联网的推动作用，构建科学合理的激励机制，吸引更多专业人才为企业服务，引导企业寻求跨界整合，通过联盟实现跨行业价值转移。

第五章

国内外产业结构升级的经验及启示

本章介绍了几个产业结构优化转型升级的成功产业区经验，其中，重点介绍了德国巴登—符腾堡地区、美国"硅谷"地区、日本筑波科学城、北京中关村4个地区的转型升级，通过对以上几个地区的经验进行对比分析发现，虽然4个成功产业区的经济基础和社会文化背景不同，但其发展过程中最基本的特征却是相同的：区域内网络创新功能较强、区域内企业之间的网络联系和合作关系较多、信任程度高等。通过对世界上产业结构优化升级较强的几个区域之间的分析，力求为天津市产业区的转型升级提供一些启示。

第一节　德国巴登—符腾堡地区产业结构优化升级经验

巴登—符腾堡（Baden-wurttemberg）地区位于德国的西南部，其 R&D 的经费占德国 GDP 的比重高达3%。① 巴登—符腾堡地区拥有如软件开发、通信技术等一批现代高新技术产业集群，该地区的高新技术产业吸引了许多世界著名的大公司在此设立总部，如保时捷公司（Porsche）、博世公司（Bosch）等。巴登—符腾堡地区企业破产率和失业率在德国最低，而人均GDP 和人均年收入却位于德国之首。经过多年的发展，该地区已经成为欧洲最具经济发展和科技竞争力的地区之一，被称为"欧洲的技术心脏"。

---

① 刘永焕. 德国产业结构调整及其经验借鉴. 对外经贸实务，2014（1）：32 – 34.

■ 一、德国的巴登—符腾堡地区产业发展结构特征——以创新网络为主

德国的巴登—符腾堡地区知识创新网络密集，网络结构层次清晰。德国最具研究能力的研究中心有 1/4 的研究能力主要集中在此地区，且与高校产学研密切相关。据相关数据统计显示，有 72 家教育机构集中在该区域，包括国际著名研究型大学 9 所、教育型大学 6 所、应用科学型大学 21 所、合作教育大学 8 所、著名艺术类大学和艺术类院校 10 所以及私营教育机构 18 家。除此之外，德国弗劳恩霍夫研究所、马克斯—普朗克学会（Max – Planck – Gesellschaft zurf & ouml；rderung der wissenschaften E. V. 简称 MPG）等相关的校外研究机构有 100 多个。这种产学研相结合的研究方式为巴登—符腾堡地区培养大量的科技人才及输出知识产品奠定了坚实基础。除此之外，合作教育的方式，也是巴登—符腾堡的特色和优势。合作教育是指，企业常常会和该地区的大学或科研机构进行相关交流，且相关的培训机构也会为企业提供相应的培训班来培养企业需要的技术人才。[①] 如德国州立合作教育大学（UCE）就为相关的企业提供了针对企业发展所需要的管理课程和技术课程。这种交替的学术研究模式与企业在职培训相结合，一方面，弥补了教育机构实践方面的不足；另一方面，也为企业的发展提供了理论支持，为企业之间进行知识交流提供了便利的条件。

发达的技术转让系统和企业的合作创新网络，使得该地区产业结构优化和转型升级变得更加有利。巴登—符腾堡地区的技术转让系统使得在该区域内的公司可以有效地借助中间网络进行沟通咨询和组织求助。此外，由于巴登—符腾堡地区内有大量中小企业为该区域内的大企业提供相关的零部件或者是服务，所以大企业和小企业密切合作，形成了一系列创新合作网络。[②] 在该网络中，大企业主要是引进和推广先进的制造技术，在此基础上，为相关的小企业提供一些技术上的帮助，如技术改造或产品升级服务。而位于该网络中的小企业柔性相对来说较强，通过大企业的帮助可以及时变化产品款式和技术革新，快速适应变化的环境，优化自身产业结构，达到合理布局。

---

① 罗兰 – 贝格 . 世界经济与德国模式 . 2013（9）：http：//news. hexun. com/2011 – 03 – 29/128331120. html.
② 冯迪凡 . 德国模式，穿越经济危机 . 第一财经日报，2012 – 10 – 11.

■ 二、德国产业结构优化转型与升级的主要推动因素

格雷戈里（Gregory, 1970）曾指出，一个国家的产业发展主要取决于供给、需求和要素禀赋三个因素。供给主要包括规模经济、技术进步等，需求弹性是我们需要考虑的因素，在考虑比较优势的因素时首要考虑的就是要素禀赋要求了。① 德国产业结构优化转型升级涉及以下几个因素：

第一，政府使用宏观政策对其进行合理引导及规范。实行市场经济的德国，在一般情况下并不需要政府对其进行干涉，但这并不代表政府的不作为，相反，对市场的运行和相关产业的发展情况有指导、协调权力的便是政府机构了。一般情况下，政府会运用税收、补贴等政策进行间接干预。如对造船业的成本进行补贴，对电力行业实行价格控制。此外，德国制造业的竞争优势不仅取决于企业对研发的投入，更和国家的创新体系有密切的关系。国家的政策使得制造业行业形成了产、学、研、官四个方面高效运转的情况。再者，政府还制定了相关的产业法律法规来进一步推动其产业优化转型升级。

第二，与企业实践相结合的教育培训模式推动了产业结构的发展。德国独特的教育培训模式，可谓全球教育培训的典范。在工业化发展过程中，其建立了一种特殊的培训机制来培养需要的技术工人。其使用学徒制的培训方式与在职培训相结合的培训方式，在企业中，约有5%～6%的职工处在企业培训之中。在培养技术工人时，通常采用平行培养的方式，即同时在学校和工厂进行培训，通过学徒制的方式大力培养适合企业发展的人才。

第三，顺应国际分工主流模式，融入全球价值链分工体系，在该体系中优化自身产业结构。当代分工的主流模式之一便是全球的价值链，以及相应的创新生产与发展网络。基于此种国际背景，德国企业以其制造业为首率先顺应这一国际化发展潮流，在该模式中优化自身产业结构，实现产业升级。一方面，德国利用外包方式以及进口方式来保持其在相关产业领域的国际竞争力，如出口大量关于制造业的中间产品和资本品，在进口方面，主要采取进口大量的中间产品，在此情况下机械设备和交通运输设备领域的国际竞争力有了较好的发展。另一方面，在全球化的发展过程中，

---

① Gregory P. R. Normal Comparisons of Industrial Sructures in East and West Germany. Review of World Econmics, 1970, 104（2）: 325–332.

德国企业会努力增加其在相关海外分支机构的研发投入，这种投入有时甚至会高于其对本地的研发投入。这种投入可以有效地保护国内附加值和就业状况，而且在这种情况下，通过对外投入过程来努力获取国外的先进技术，在结合自身技术的同时努力使用国外的诀窍来提高自身的研发水平。

■三、德国的巴登—符腾堡地区产业结构优化升级对天津市的启示

巴登—符腾堡产业模式的成功，证明它是一种具有超强自我修复能力的产业发展模式，此模式十分富于生机。在 20 世纪 90 年代前，其成功的经验之一是德国的中小企业在发展过程中发挥着不可磨灭的作用，中小企业自身的发展以及与大企业的合作发展，奠定了德国产品在世界市场中的优势竞争地位。成熟的培训制度是德国企业发展的秘诀，相关产业之间相互的密切合作关系，也会使得相应的传统制造业部门发展成与美国福特企业大批量生产模式不同的生产模式。这种生产模式会使得德国企业更多地依赖和选择技能熟练的工人。这种小批量、高质量柔性专业化或者是多样化生产模式，会使得其有更大的发展空间。值得注意的是，在全球化的浪潮中，更多消费者也会倾向于追求高质量、定制化的产品，也愿意为此付出更高的价格。

成功的经验之二是融资体系，这种融资体系的基础是依赖银行的贷款，通过这种贷款为自身发展提供了更廉价且相对更长久的资本。通过该资本的注入，企业可以使用该资本进行科技投资或研发，提升自身的竞争力，这种资本投入方式与英国和美国以股票市场为基础的融资制度不同。

成功的经验之三是德国的相关企业（以汽车制造业为首）适应了国际分工的发展，将许多生产程序外包给供应商，在这种情况下就能将价值链扩展到成本相对较低的东欧地区。除上述微观因素外，宏观因素如经济战略目标、产业政策措施以及完备的公共基础设施等宏观政策因素也发挥了其不可替代的作用。

第二节　美国"硅谷"地区产业结构优化升级经验

作为第二次科技革命和第三次科技革命的发源地，美国在引领近 100

多年中全球制造业的发展。早在 20 世纪 50 年代，美国的制造业已经发展到顶峰，其制造业的增加值占 GDP 的 28.3%。说到美国的制造业，就不得不谈到"硅谷"（silicon valley）——位于美国的加利福尼亚州中部的圣弗朗西斯科半岛上，其作为一个条状地带长度约为 70 公里、宽度约为 15 公里。①"硅谷"本来是一个农业区，1912 年出现了第一个电子技术公司，随后逐渐发展成为半导体工业制造基地，最终成为美国工业产业发达的地区。随后，以计算机为主体的第三次工业革命，高科技公司迅速成长，而"硅谷"的产业结构也迅速国际化，此时，"硅谷"就不再是美国的研究制造中心了，它已经成为了一个地标性的建筑，是全世界计算机和微电子的研究制造中心。如今，"硅谷"地区的电子计算机生产总额占全美总销售额的 40% 左右，平均每 5 天就会有一家在"硅谷"地区成立的公司挂牌上市，平均每一天就会增加 62 个新的百万富翁，"硅谷"地区的神话还在继续。

一、美国"硅谷"地区的产业结构特征

首先，"硅谷"地区存在着许多小的设计商，这些设计商和专业化设备生产商之间会形成一种相应的动态联盟关系，在这种动态联盟关系中，大型企业和小型企业之间也会存在相应的集中分包关系。在这种分包关系中，大部分企业的联合发展将会主要集中在新产品的研发过程中。这些新产品集中在高、精、尖的高科技产品上。

其次，在"硅谷"产业园区的网络中，存在着大量的研究机构和大学。本地的科研机构、大学、专业院校，特别是斯坦福大学成为区域创新网络中的重要创新节点。其通过为企业输送优秀的毕业生或提供科研技术成果，使企业作为直接受益人，与企业之间建立了非常密切的网络关系，这种正式的网络关系或非正式的网络关系就促进了高校与企业之间产学研合作研发。

再其次，本地的政府部门也给"硅谷"地区产业结构的优化提供了相关的支持。在这里，政府部门的支持并不是主要的，但政府部门可以通过提供一些政策推进相关企业来"硅谷"产业园区建厂，形成良好的产业结构机制。政府也可以通过增强其他相关服务型组织机构功能，来推动产业

---

① 张捷. 全球分工格局与产业结构的新变化——兼论中国沿海地区的产业转型升级. 经济科学出版社，2012.

结构的合理优化升级。这种功能可以通过投资公司或大学来实现。

最后，"硅谷"地区的金融机构和组织也推动了产业的合理布局和优化。"硅谷"地区集聚了大量的风险投资公司，这些风险投资公司偏向于投资那些新技术的小企业，是这种小企业的资金支持机构。这些风险投资机构在投资某一个项目或者一家企业时，会综合考虑各方面的因素，据此得出结论来投资什么样的产业。这种投资的过程，就是一部非常好的优化产业转型升级的发展史。

■ 二、美国"硅谷"地区产业结构优化升级的主要因素

"硅谷"地区产业结构的合理布局，是通过以下几个因素的推动而逐渐形成的：

第一，"硅谷"地区内存在着有利于结构优化、转型创新的社会环境。简单来说，该地区的文化可以总结为崇尚个人英雄主义、鼓励冒险、接受失败、乐于合作的文化特征。在该地区中，几乎每个研发人员都具备敢于冒险、不断进取的思维方式。每一个创业者的每次创业情况都可以看成是一种"赌博"或是"博弈"。因此，区域内的劳动力频繁流动，就是冒险精神的一种体现。在"硅谷"，无论是企业内部的高级工程师还是一般的科技人才，在一家企业基本上只会待两年左右，之后就会跳槽去另外一家公司。因为一旦某人在某家公司工作的时间超过三年，就会被认为是保守者，没有能力跳槽。在"硅谷"中，这种独特的冒险精神和不断进取的思维方式，为企业的发展提供了不竭的动力，而在不同企业待过的员工，其开拓的思想也有利于企业进行合理、有效地转型升级。

第二，区域内本身的产业发展以及其集聚的优势，更有利于产业结构优化升级。在发展的初期，"硅谷"的主导产业就是以晶体管和半导体制造业为核心的。在20世纪70年代末，随着第三次科技革命的发展，"硅谷"地区的主导产业又转向电子信息、计算机、网络技术等高技术含量、高附加值的高新科学技术产业。虽然这些产业的风险相对较高，但其收益率相对来说也是较高的。当初期的资本积累完成后，伴随着大量的创新和相应的经济发展，大量科学技术企业会快速集聚。比如，IBM等国际知名企业纷纷在此设厂或设置研发中心。企业的设立往往提供大量就业机会，许多慕名而来的技术人员在此工作，这种人才的集聚效应更有利于产业对自身情况的了解，大量的人才为产业合理优化升级建言献策，更好地促进

了产业的转型升级。

第三，"硅谷"地区内密集的科研机构、大学、研究所为"硅谷"的产业发展提供了大量的高科技人才。该区域内有世界一流的大学及科研院所。例如，斯坦福大学、加州大学伯克利分校等，每年都会输送许多高科技人才到该地区发展，为企业注入新的血液。据相关资料统计，世界上获得诺贝尔奖的学者中，有近 1/4 曾在此工作。仅从博士数量这一指标看来，约有 6000 名博士在该地区工作，"硅谷"地区博士的数量占整个加州博士数量的 1/6。这种高科技人才在企业中大力发展自身优势，为企业的发展提供了很大帮助；另外，企业与高校、科研院所的合作，也有利于学校更好地了解企业需要的人才特征，去培养适合社会发展的人才，这种产学研相互合作、相互促进的模式，对双方来说有百利而无一害。当大学教授、科学技术研发人员、风险投资专家等各个高级人才集聚，势必会为企业的发展、产业转型升级提供良好的帮助，促进产业向着优化升级的方向转型。

■ 三、美国"硅谷"地区产业结构优化升级给我们带来的启示

首先，要建立一个开放性的网络系统。当今时代，是一个开放的时代，大数据、云计算无处不在，故步自封必然走向失败。创新依赖于信息技术的发展和根植于社会业务网络中的实践经验。所有的经济活动都不可能在一个独立的区域通过自身的发展完成，整个网络中的公司都面临着各式各样的压力，如技术领先和市场共享等来自不同方面的压力，这时需与其他企业之间通过彼此信任和合作共同解决这些问题。在开放的同时，企业还要依靠全球这个大市场，服务全球这个大市场，因此，也需要和距离较远的供应商、客户以及对手等相关人员进行有效合作，使得自身的技术在国际化的大市场中得以充分发展。通过技术的革新，推动技术的发展，以及相同技术或相似技术的集聚效应优化了相关产业的结构，最终转型升级。此外，开放的区域创新网络也有效地确保区域内各个生产要素之间充分并自由地流动，这种自由流动所产生的产业集群是优化的产业结构集群。

其次，要大力发展区域内的创新等软环境文化建设。要规范市场环境，逐步规范市场竞争秩序、健全市场法律法规体系，尤其是在科研技术研发成果中的知识产权问题上，要保护知识产权。要知道大部分高科技企业的研发成本投入相对较高，风险也比较大，当知识产权无法得到保护时，侵权现象的发生会打击企业创新的积极性。企业发展的创新环境建设

至关重要，产业的合理升级更多依赖于区域内创新的软环境的营造。在产业升级的过程中，要创造有利于创新的社会文化氛围，鼓励相关人员对产业转型升级建言献策。还要合理规范大企业的降价倾销，因为中小企业在这样的环境下常常会在创新方面举步维艰。此外，还要规范高新技术中小企业的投融资环境。建立健全相关的风险投资机制，形成以风险投资机制为核心的优化的产业集群。企业与风险投资机构、高校科研院所、研发机构之间相互交流合作，促进产业模式的合理化发展。

最后，需要做的便是完善相应的企业服务体系，使其变得更加社会化，在此基础上也要重视中小企业的发展。在现阶段的发展过程中，要建立健全企业服务系统，通过该系统来充分发挥该区域内各个行业协会以及相关服务中心的功能，更好、更全面地去了解高新技术产业发展的相关信息以及产业转型升级的相关路径信息。根据企业对信息的需要定期向相关企业提供最新资料，使得企业在发展过程中能够根据环境的变化及时作出调整。另外，根据收集的相关信息可以得到区域内最新的产业集群状况以及发展趋势，促进了相关产业的集聚以及合理的转型优化升级。

第三节　日本筑波科学城产业结构优化升级经验

在 20 世纪 60 年代初，日本政府为了实现振兴科学技术、充实高等教育，实现"技术立国"的目的，提出了建设一个国家级科学城的建议，1963 年，筑波科学城在距离日本东京市中心约 60 公里处建成。该科学城是在一个基本上没有相关的教育、科研基础的空白区域上建立的，采取了新建智力密集区的形式。经历了 50 余年的发展，该地区已经成功地聚集了 40 多个国家级教育与科研院所。但不得不说的是，虽然政府财政预算的 40% 用于该地区科技的研发，在很长一段时间内，筑波科学城完全依赖政府投资，采用的是政府主导的发展模式，依照政府的指令行事，缺乏自我生存能力以及造血功能。日本政府于 20 世纪 90 年代制定的科学技术基本规划中将筑波科学城进行优化，提出了要将该科学城定位为信息、交流、研究的核心，并在此基础上大力发展相关产业，优化产业结构，进行合理的转型升级。[①] 进入 21 世纪后，筑波科学城的功能定位更加深化，科

---

① 李朝辉. 日美欧亚洲机械产业的国际竞争力现状. 中国贸易救济，2013（8）：15－17.

学技术的中枢城市、更广阔范围的都市圈内的核心城市、生态、生活和模范城市三大城市功能定位。在这样的功能定位支撑下，筑波科学城正在从"科技乌托邦"中逐渐走出来，形成自身的发展新模式，更顺畅地联通科学研究、技术创新、成果转化以及商业化生产之间的纽带。

■ 一、日本产业结构发展特征

第二次世界大战结束后，随着经济的发展以及国际环境的日益变化，日本的制造业产业也发生着翻天覆地的巨大变化。在 20 世纪 60~80 年代，日本经济高速发展，其制造业在该时期也由轻工业向重工业积极转型，例如，日本的汽车产业，在此时已经形成了较为完整的供应链整车装配系列组织。日本汽车行业并不仅仅满足于向国内市场进军，大举进军了欧洲和美国市场，并成功地占据了美国约 1/4 的市场。到 20 世纪 80 年代由于美日关系的紧张，日本对美国的出口减少，在这种情况下，日本政府开始通过对外直接投资的方式进行海外生产，第一间丰田的组装厂就在美国成立。90 年代后，日本国内"泡沫经济"开始破裂，国内经济萧条、市场停滞、通货紧缩，为降低成本，日本进一步将生产线转移到了劳动力相对廉价的新兴市场国家。进入 21 世纪，以供应链为主体的日本制造业开始走向解体。在这种"空心化"日益严重的情况下，日本政府开始努力扭转趋势。

■ 二、日本产业结构优化转型与升级的主要推动因素

第一，日本政府的相关政策支持。

产业空心化情况的严重，使得日本政府不得不采取一系列积极的措施进行补救。例如，试图通过降低相关的国内成本和运营成本，进一步缩减开支，减少浪费、鼓励科技型企业进行相关创新，以此为基础提高其相关产业的国际竞争力。政府的努力最终见效，产业"空心化"的局面得以遏制，产业转型升级初见成效。

第二，掌握核心的科学技术，走科技发展之路。

日本的制造业，以汽车制造业为例向国外进行产业转移时，是有所保留地转移，即根据其自身的发展优势而进行相应有选择性地转出，使得其在国际分工中的地位并不被动，而是成为拥有核心技术的国家，为制成品

国家提供相应的核心技术和高科技中间产品技术。在这种情况下，产业的转型升级就会变得更具有优势。其对日本乃至东亚地区的产业结构、经济增长等方面都产生了相当重要的影响。

■ 三、日本筑波科技城产业结构优化升级的启示

第一，要形成相对开放的环境。

开放性不足，将会导致创新活跃度以及国际竞争力不足。日本筑波科技城在创立之初就承载了国家对于创新的使命，国家的支持会给它带来相关的政策性优势，但也决定了其战略定位相对来说比较封闭。作为国家创新体系的建设者，其构成主体相对来说较为简单，无论是科研机构、资金来源还是技术研发人员，几乎都是来自官方，缺乏与外来思想交流和碰撞的机会。而科技城内的各个研究机构之间大多数着眼自身的科研活动，缺乏互动，竞争激励意识不足。使得基础研究、应用研究与生产技术等各个方面相互之间就会产生严重的脱节，使得我们在考虑相应产业的优化升级过程时，一定要形成开放式的环境，促进创新思想的出现。

第二，在发展过程中应以市场为主，政府为辅。

筑波科学城采用了政府直接管理的模式，缺少与市场的互动，导致"科技乌托邦"的出现。政府的直接介入，虽然会为企业提供庞大的资金支持，以及其运转所需的各类基础设施，并且相关政策的倾斜确实为企业带来了好处，但是，这种方法并没有使政策与企业的发展进行良好的融合，而只是简单地对政府模式的嫁接。而且，过分地依赖政府也会导致相关技术开发机制不健全，激励制度不完善等一系列问题，进而阻碍产业结构的优化升级。因此，在进行优化升级的过程中，一定要将其拿到市场中去检验，而不是一味地依赖政府支撑。

第三，促进产、学、研、官各个方面的研究合作。

在产业结构优化与产业转型升级过程中，产学研的合作会促进其转型升级。通过科技计划可以吸引大批中小企业、高等院校和科研机构进行合作创新，当产学研协调发展时，企业可以从相关的科研机构获得相关的理论支撑，并且可以从高等院校得到科技人才的帮助，而高等院校和科研机构也可以通过企业实践来检验自身的理论知识，达到共赢的目的。

第四节 中国北京市中关村地区产业结构优化升级经验

中关村地区位于北京市西北的海淀区，是中国批复的第一个国家级高新技术产业开发区、第一个国家自主创新示范区，被誉为中国的"硅谷"。中关村地区是中国的人才资源以及相关的科学教育资源最为密集的区域。其中，有清华大学、北京大学等41所著名高等学府、67个国家重点实验室，研发中心55家、大学科技园26家、留学归国人员创业园34家。此外，以中国科学院等为代表的科研院所分别在此建立，共计206家。① 自20世纪80年代初期以来，随着经济的迅猛发展和地域空间上的扩散，中关村地区也在逐步发展，现阶段已经形成了"一区五园"（海淀园、丰台园、昌平园、电子城科技、亦庄科技园）的规模模式。到2000年，中关村地区已完成GDP 259亿元，出口创汇5.8亿美元。② 目前，该地区正在逐步形成以电子信息、新材料、新医药、光机电一体化与生命科学等高新技术产业集群为特点的高精尖产业集群，已经成为中国发展高新技术产业的重要基地。

一、北京市中关村地区的产业结构特征

北京市中关村地区形成了区域创新网络与供应商、客商、竞争对手之间的网络关系。在中关村地区，企业与其供应商之间的合作非常频繁，他们经常在一起交流信息和思想。相关资料显示，约有70.5%的企业供应商会经常为企业提供其他企业的相关信息。③ 这种相互之间的信息沟通，加速了区域内部市场信息的有效流动。供应商和企业之间的频繁交流促进了相关产业之间形成集群效应，这种集群效应先是由于缩短地区距离形成的低级别的集群，之后又根据相关的技术信息情况形成高级的集群，在低级

---

① 中关村科技园区委员会，北京大学网络经济研究中心. 中关村科技园区海淀园数据报告. 2000：165. http://www.zgc.gov.cn/document/20100608160934671020.pdf.

② 钮亚敏. 中关村科技园区昌平园产业集群发展现状与对策研究. 北京大学硕士学位论文，2007.

③ 付信明，张劲松，张文辉. 中美典型高技术创新集群的比较分析——以"硅谷"和中关村为例. 工业技术经济，2009（2）.

产业集群向高级产业集群转化的过程中，逐步达到产业优化升级的作用。任何一个企业生产出来的产品或者提供的服务需要卖给相关消费者，在这个过程中就形成了与客商之间的网络关系。这种关系促使企业要想实现创新，就必须与本地的客户形成相对密切的联系。据相关资料显示，企业与客商的网络关系越密切，其越能更好地了解市场的相关情况，进行更好的创新，形成一个良性的创新网络，从而促进产业的优化升级。另外，从传统理论上讲，企业与其竞争对手由于在市场上存在竞争关系，很难形成真正的合作，但是在当今的环境中，市场竞争日益激烈，技术创新日益复杂，企业面临前所未有压力的情况下，一个企业要想实现持续的创新就应该不断地进行合作，而非竞争。通过与竞争对手在如市场营销方面的合作，达到双赢的目的。中关村中很多企业就是与竞争对手合作，在地理位置和技术方面可以形成集群，最终通过合作可以提高自身的发展水平，实现整体产业的优化转型升级。

北京中关村区域内的企业和大学及科研机构形成了良好的合作，通过合作推动了产业结构的转型升级。中关村地区在世界上被认为是科研机构和大学院校最为密集的区域之一，该区域内的科研机构有200多家，大专院校70多所。这些科研机构在地理上形成了集聚效应，促进中关村产生新的知识和技术成果、培育了高科技人才。此外，在推动地区社会文化环境建设方面也起到了积极的作用。一些科研院所更是直接承担了孵化企业的角色。相关研究表明，大专院校以及科研机构所孵化诞生的企业通常具有极强的生命力和创新力。这些企业可以获得上级单位对它们在技术、资金、人才政策方面的支持，并且相关的科研院所可以通过孵化出来的企业直接将其研究成果进行转化。最后，相关的科研机构除了孵化企业外，还积极建设相关的科技园。如中国科学院的中关村科学城、北京大学科技园等。这些科技园的建成也起到了孵化企业的作用，当这些大中专院校、科研院所与企业相结合进行交流合作的过程中，会促进该企业所在产业的结构优化升级。[①]

二、北京市中关村地区产业结构优化升级的主要因素

第一，区位优势促进企业转型升级。

---

① 盖文启. 创新网络——区域经济发展新思维. 北京大学出版社，2002.

中关村位于首都北京，北京作为政治、文化中心，经济实力名列前茅，而中关村又位于北京市的海淀区，该区位科研院所、大专院校林立。在这样的区位中必定吸引一大批企业前来建厂，在建厂的过程中为了更好地借助区位优势，相关联的企业定会产生集群效应来获得更多的资源发展自身。通过区位优势就可以粗略地对产业结构进行一个简单的优化升级。

第二，大量的中小企业在该区域建厂产生集聚。

中关村是在 20 世纪 80 年代建立的。大批的科研人员及教授走出原有单位，纷纷创办企业。尽管这些新创办的企业并不是都能够成功地发展，但正是这批科研人员和技术人员的探索精神、冒险精神推动着该区域内企业的诞生、产业的集聚以及产业的优化。正是这种活跃的市场环境、优胜劣汰的市场机制，促成了中小企业集群以及对自身所在产业的合理优化。

第三，大量人力资源集群、各个行为主体不断创新推动产业优化升级。

纵观世界上著名的科技园区，正如美国的"硅谷"依托斯坦福大学发展，中关村周边集聚着北京大学、清华大学等著名高等学府。这些高等学府或科研机构不断地向中关村地区提供高层次的人才并进行技术成果的开发与转化。大专院校与科研机构的区域集群更容易形成一种有利于创新和产业优化升级的文化氛围，有助于区域内相关科技产业的诞生、发展，有助于吸引区域外先进的资金、技术、人才、知识等生产要素的流入。当人才引入并形成集群后，区域内的各个行为主体能够依据自身情况进行自主创新。当企业在技术、市场、运行机制等方面进行创新后，必然会推动该产业的优化升级。

三、北京市中关村地区产业结构优化升级给我们带来的启示

首先，要积极地营造区域发展的创新环境，尽快形成区域内的"创新空气"，通过创新作用于产业结构调整。我们在进行创新的过程中，不仅要着眼于区域内的硬环境（如交通和通信等），而且要致力于区域软环境的营造（营造有利于企业进行创新的文化氛围、制度环境、市场政策、法律制度等）。实行积极的人才政策、税收优惠政策、发展制度创新环境、营造创新企业发展的市场环境。通过这种创新环境，强化发展区域的创新网络，借此使得产、学、研机构能够达到有效地合作。只有努力地营造区域发展创新环境，才能保证企业发展的潜力、产业结构优化的潜力。

其次，要尽快建立和完善相关的投资机制，如风险投资机制、天使投

资机制，完善相关的资本市场。许多高新技术产业的集群，产业的优化升级正是依靠风险投资的介入与扶持。在今后的发展过程中，要积极地拓宽融资渠道，实行投资主体多元化政策，推进高科技产业化进程，优化中低端产业的结构配置。可以考虑由相关的地方政府部门引导商业银行等投资主体建立相关的风险投资基金。在建立投资基金的同时，努力地为开放"二板市场"创造条件，鼓励相关产业的企业上市，鼓励多种形式风险投资的建立。除此之外，也需要培养一批有素质的专业人才去扩充风险投资的队伍，形成一批高素质的风险投资家。这批风险投资家应该不仅具有科技背景也具有相关的管理知识，从而可以保证投资的成功率，通过规范相关行业的投资行为，促进企业向着良性方向发展，最终促进产业合理优化升级。

第六章

天津市产业结构优化升级的案例

第一节　天津市工业园区简介[①]

天津市不断加快经济发展的步伐，园区的建设与成长起到了相当重要的助推作用。天津市目前拥有 5 家国家级经济技术开发区，31 家市级示范工业园区，高质量、高水准的园区为天津市增添了一道亮丽的风景线。各园区不断完善规划，突破发展"瓶颈"；打造精良团队，开辟招商引资新渠道；加大力度完善园区服务质量，创新思路，吸引大批大项目、好项目的落户。

天津围绕产业"龙头"，拉长产业链。目前，正在实施航空航天、装备制造、石油化工、冶金、新能源等"十大产业链"的构建工程，促进产业聚集。预计 2017 年，这"十大产业链"的产业规模将达到 4 万亿元，倍增效应达到 1 : 3.3，能为中小企业创造更多的发展空间，创造更多的就业机会。2017 年，建成航空、航天、装备制造、汽车、电子信息、石油化工、生物医药、新能源、新材料、节能环保 15 个国家新型工业化产业示范基地，培育南港石油化工、临港装备制造、空港航空航天产业、滨海新区新能源等 10 大产业聚集区，建成 40 家市级新型工业化产业示范基地。[②]目前，天津 31 家市级示范工业园区分布在武清区、西青区、津南区、北辰区、东丽区、滨海新区、宝坻区、静海县、宁河县、蓟县，31 家工业园区的具体情况，如表 6.1 所示。

---

① 天津招商网.天津市 31 家示范工业园区网.
② 资料来源：天津招商网.

表 6.1　　　　　　　　　　天津市 31 家工业园区基本情况

园区名称	规划面积	位置与交通	基础设施	功能定位/园区优势
天津地毯产业园	10 平方公里	京津塘高速公路（梅厂口）在园区的南段，津蓟铁路通过园区周边并设有客货站	十一通一平	园区主要招商方向是国际知名地毯、新能源新材料、电子信息、机械制造等高附加值、高效益的企业
京津科技谷	21.97 平方公里	京沪高速纵穿南北，112 高速横贯东西；周边毗邻津保高速、104 国道、112 国道、天津外环线及京九铁路津港客货站	十一通一平	以生态优先、高端集聚、文化支撑为特色，建设国际一流园区，创建天津现代生态型产业新城
天津汽车零部件产业园	50 平方公里	京津塘高速公路二线与津围公路交口处，距北京 85 公里，距天津市区 20 公里，距天津港 50 公里，距天津滨海国际机场 25 公里	七通一平	以汽车及零部件制造、高端制造、新材料新能源为主导产业，全面推进汽车产业链的整合，形成了汽车零部件高端产业群；发展汽车整车的研发制造，打造成为国内知名的汽车及零部件生产、出口基地
天津京滨工业园	20 平方公里	位于京、津、冀交界处，京津塘高速公路西侧，距廊坊出入口仅 1.5 公里，距京沪高速公路高村出入口 4 公里	七通一平	形成了电子信息、新材料、精密设备制造三大主导产业
天津西青汽车工业园区	25.5 平方公里	位于西青区的中部，与天津市新技术产业园区相邻，距天津市中心 9 公里	七通一平	重点发展节能型和新能源汽车、汽车关键零部件、汽车新材料、汽车新能源
王稳庄高端金属工业区	10.5 平方公里	位于西青区王稳庄镇，邻 205 国道、唐津高速	七通一平	主导产业定位为高端金属制品深加工，打造全国金属产品深加工制造基地，以板、管、带、材产业为基础，重点引进高附加值的金属材料以及大口径石油焊管等深加工企业，积极引进重工机械及设备配套制造企业
西青精武镇学府工业区	10.2 平方公里	距天津国际机场 35 公里，天津港 45 公里，距京沪高铁天津南站 2 公里，京沧高速出口 1.5 公里	九通一平	坚持引进绿色环保、科技含量高、产业附加值高和可持续发展的高新技术研发、高质现代制造和高端商贸宜居的项目

园区名称	规划面积	位置与交通	基础设施	功能定位/园区优势
天津双港工业区	12.7平方公里	北靠外环线、南倚蓟汕联络线、东接天津大道、西邻津港快速路、中部微山路延长线与市中心相连	七通一平	重点发展楼宇经济为主导的、高端商务商贸、总部办公、创智经济等高端化、高质化、高新化产业,努力打造都市型总部经济创意区
八里台工业园区	6.14平方公里	距市中心地区15公里、天津机场20公里、天津港25公里、滨海新区10公里	七通一平	园区主要以电子产业、机械装备、轻工为主导产业,与西青微电子产业园区、泰达(津南)微电子工业园区构成天津市南部的微电子产业带,共同打造天津的"硅谷"
天津海河工业区	10.6平方公里	周边与津晋高速、唐津高速相邻,北接中心城区和滨海新区的天津大道	基础设施完善	重点打造智能产业、光电信息产业、高端生态商务及文化创意产业,形成以研发设计为核心,高端制造和试验检测为重点的低碳智能化工业区
天津小站工业园区	4.6平方公里	距天津市区22公里、天津国际机场22公里、京塘高速公路20公里、天津港18公里	九通一平	建设以新型材料研发、机械装备制造、航空配套产业为主的工业区,重点发展航空新材料、机械装备制造、铜材深加工、汽车新材料研制造等
北辰区风电产业园	14.1平方公里	区内有京津塘高速公路、112高速公路、津围公路、九园公路等国家级主干道路,京津塘高速公路在规划区东部设有出入口	九通一平	重点打造以风电、光伏产业为主导的新能源装备制造、研发基地,主要依托风电装备机电零部件配套产业,同时面向其他新能源技术形成风电装备机电零部件核心技术、零部件关键材料和系列化产品
陆路港物流装备产业园	9.85平方公里	园区周边有津榆公路、京津塘高速公路二线、津蓟高速公路、机场快速路、津宁快速路、外环线东北部调整线、杨北公路和九园公路等	九通一平	主导产业为物流装备示范应用、自动化物流集成制造和专业配套制造等

续表

园区名称	规划面积	位置与交通	基础设施	功能定位/园区优势
天津医药医疗器械工业园	9平方公里	周边津保高速、"112"高速、京福公路等六条交通干路在此交汇成网。两条高速在园区有出入口，3公里处建有铁路客货两用车站	九通一平	定位于天津市医药医疗器械生产基地，以医药制药、医药制药设备生产和医疗器械生产、科研中试成果转化基地、医药物流为主导产业
华明工业区	5.62平方公里	位于津汉公路北侧，滨海国际机场大道西侧，北环铁路南侧。与空港物流加工区、滨海高新区、泰达西区、东丽湖温泉度假区相连接	七通一平	依托临空产业区，建设以航空零部件、重型车辆及输配电设备制造为主的现代制造业基地
天津茶淀工业园区	5.19平方公里	紧邻京津城际铁路、京秦客运专线、津滨轻轨和京津高速、唐津高速、海滨大道、津滨高速等十余条高速公路	九通一平	重点引进新能源、新材料、生物、信息、软件、动漫、飞行器部件的设计制造等产业以及配套的服务业产业项目
天津滨海物流加工区	9.3平方公里	紧邻汉南铁路、汉南公路、津汉快速路、海滨大道，其中汉榆公路穿越园区	九通一平	重点发展仓储、装卸、物流自动化设备生产为主的物流装备制造以及水产品物流加工产业
天津大港太平工业区	13.3平方公里	紧邻津汕高速和205国道，南侧的港中快速路自东向西联系大港城区和南港工业区	九通一平	主要发展石油专用仪表配套设备，石油石化专用变压器设备，石油钻采设备，石油机械配件和海水淡化相关设备制造
天津中塘工业区	11.25平方公里	园区紧邻205国道、黄万铁路、唐津高速、津汕高速公路	九通一平	产品覆盖汽车、电子通信、机械等的零配件，建筑材料、包装材料
天津东丽航空产业区	18.3平方公里	区域内有津北公路、津滨快速路、东海路和规划中的津汕快速联络线、机场大道；轨道交通也将进入产业区	九通一平	重点发展飞机总装、机载设备、发动机、零部件和航空材料的制造以及航空维修等产业，建设航空研发制造产业基地
天津宝坻节能环保工业区	31平方公里	紧邻京沈、津蓟高速公路及津围公路、唐通公路、宝武公路、蓟宝公路等一级公路	九通一平	重点打造节能、环保、新型能源、新型材料等绿色产业，建设成为以节能环保新产业为主的产业聚集区和现代制造业基地和商贸物流基地

续表

园区名称	规划面积	位置与交通	基础设施	功能定位/园区优势
天津宝坻低碳工业区	18.8平方公里	紧邻津蓟高速公路及潘青公路、宝白公路、九园公路等一级公路	九通一平	重点发展太阳能、风能、地热能、海洋能、绿色电池等新能源产业；工程机械、环卫机械、农用机械等机械制造产业
天津宝坻马家店工业区	10平方公里	紧邻津蓟高速公路及宝武公路、津围公路、宝白路等一级公路	九通一平	重点发展不锈钢的板、管、棒制品及线材制品加工制造
宝坻塑料制品工业区	10.8平方公里	紧邻津蓟高速公路及潮白河左堤路、潮阳东路、宝黑公路等一级公路	九通一平	重点发展塑料原材料加工、农用塑料产业、工程塑料、塑料建材生产；塑料加工机械制造
天津静海大邱庄工业区	14.3平方公里	紧邻津沧104国道，丹拉高速公路等	九通一平	依托大邱庄和周边地区钢材制造业的聚集效应，重点发展优质钢材和金属制品制造业，建设中国北方优质钢材和金属制品制造与研发转化基地
天津静海北环工业园	40平方公里	位于津沧高速与规划中的京沪高速铁路之间，唐王公路和104国道穿越工业园，距京沪高速公路3公里、丹拉高速公路2.5公里、京汕高速公路7公里	基础设施完善	重点发展农副食品加工、食品制造及农产品交易物流、外包装备制造、高新技术产业
静海唐官屯物流工业园	10平方公里	位于津沧高速与规划中的京沪高速铁路之间，唐王公路和104国道穿越园区，距京沪高速公路3公里、丹拉高速公路2.5公里、京汕高速公路7公里	基础设施完善	重点发展新型建材、木材深加工、家具制造及加工物流产业，建设成为以钢材、木材、新兴建材深加工为主，集生产加工和运输配送为一体的加工物流区
宁河现代产业区	40平方公里	津芦公路、京津高速、津宁高速公路穿区而过，京津高速在首期开发区域留有出口	九通一平	建设成为重要的航空航天配套产业基地和区域物流基地

园区名称	规划面积	位置与交通	基础设施	功能定位/园区优势
天津潘庄工业园区	8.4 平方公里	距 205 国道高速公路 30 公里、天津机场 35 公里、天津站 45 公里, 南距山横穿境内	七通一平	有机械加工、农产品加工、轻工三个专业功能区, 以兴办工业项目为主, 重点发展机械加工、农产品深加工及轻工企业
天津专用汽车产业园	10 平方公里	紧邻津蓟高速公路、京蓟高速公路	九通一平	主要发展专用汽车改装和制造、汽车零部件的生产和销售以及汽车技术研发和汽车文化展示等产业项目, 重点发展新能源动力汽车、作业类专用汽车、综合类专用汽车的生产
天津上仓酒业及绿色食品加工区	10.6 平方公里	津蓟铁路、津围公路纵穿园区而过, 津蓟高速和正在建设的承塘高速上仓出口直通园区	七通一平	园区产业定位是酒产业和绿色食品加工业

资料来源: 天津市 31 家工业园区网站, 作者根据相关资料整理。

第二节　天津滨海高新技术产业开发区创新网络的运作机制研究①

本书选取 A 企业作为案例, 分析区域创新网络的运作模型, 通过对案例的分析, 借助实际企业更好地解释区域创新网络的运作模型。本书对 A 企业的数据收集工作主要分为四个阶段。

（1）对本书所论述的区域创新网络的节点、基本框架、构建和运作模型等内容进行国内外文献梳理。通过对本书研究内容的系统分析, 提炼出进行分析所需要素的维度, 针对每个维度设计开放性问题, 以此构建 A 企业的访谈提纲。

（2）在对 A 企业进行访谈调研之前, 收集关于 A 企业的资料。主要资料包括 A 企业的网站介绍和新闻报道, 对这些资料进行整理, 初步了解 A 企业的概况、经营范围和合作伙伴的途径。

---

① 白晓萌. 区域创新网络的运作机制研究. 天津财经大学硕士学位论文, 2014.

（3）对 A 企业进行实地访谈。访谈主要有三个步骤：第一，与 A 企业的总经理进行访谈，大致了解 A 企业的运营状况和合作现状；第二，整理所获得的第一手资料和第二手资料，初步分析出 A 企业所处的区域创新网络的构成，为进一步深入访谈做准备；第三，与 A 企业的财务部、销售部、生产部、技术部、研发部等各部门的负责人进行半结构式访谈，通过提出开放性的引导问题，获得本案例分析所需的资料。访谈问题包括四个方面的内容：A 企业的发展历史和每个阶段的发展战略与合作概况；被访谈者所参与的合作项目的详细情况，包括合作伙伴的类型、数目和联系频率，合作的原因和结果等内容；A 企业在与合作伙伴合作过程中出现的问题；A 企业通过与合作伙伴的合作所取得的成绩，以及企业未来的发展规划。

（4）对第二阶段取得的二手资料和第三阶段取得的访谈资料进行整理分析，发现数据的不完善之处，通过电话和邮件等方式进行补充，使案例数据更具有真实性，然后，把案例分析反馈到 A 企业的相关人员，听取他们给出的建议，进一步对案例分析进行修正。

一、合作环境分析

（一）天津市汽配行业区域创新网络现状分析

2008 年后，出台了一系列政策以刺激汽车消费，中国汽车业一直保持着较快的增长速度。2013 年，中国汽车产业取得良好的发展业绩，全国汽车产销量分别为 2211.68 万辆和 2198.41 万辆，同比增长 14.76% 和 13.87%，产销量连续 5 年位居世界第一。据《中国汽车统计年鉴》记载，截至 2013 年中国已经拥有西南汽车产业集群、"珠三角"汽车产业集群、中部汽车产业集群、环渤海汽车产业集群、"长三角"汽车产业集群、东北汽车产业集群等六大汽车产业集群。这些汽车产业集群对中国汽车产业发展有重要作用，具有重大战略意义。

处于环渤海汽车产业集群内的天津市的汽车产业发展势头迅猛，在国内处于领先地位，天津市有大量整车生产企业和汽车零部件企业，天津市为汽车行业的发展提供了良好的工业基础，行业内部创新氛围浓厚，产业链不断完善，汽车产品出口不断增长。2013 年，天津市汽车零部件的出口额超过了 19 亿美元，同比增长 10% 以上，增幅高于全国平均水平。随着天津市汽车行业的发展，汽配行业对天津市经济的发展产生重要的促进作用。目前，天津市汽车配套企业已经超过了200家，其中，超过一半是一级配套企业，目前天津市已经具有比较完整的汽车配套产业链。天津汽配行业的快速发展有以下几个必然因素：第一，地域优势明显。作为北方经济中心的天津，拥有京津冀地区最大的港口，是中国北方汽车配件进出口的主要通道，对东北汽车市场有较大的示范作用和带动作用；天津还具有极强的成本优势和发展动力，是国家重点支持的汽车生产基地之一。第二，配套企业的需求增加。随着丰田、韩国现代电子、星马特种车等一批整车企业的进驻和发展，天津汽车行业迫切需要纵向一体化的配套企业。第三，国内外客户群的增加。天津汽车行业的发展促进了本地汽车质量的提高，满足了用户的需求，实现了天津汽车国内外用户群数量的不断增加，2013年天津新增近20万辆私家车，高中档车销量不断增加。第四，跨国公司零件供应商的投入。目前，天津汽配行业包括日本电装公司、日本矢崎公司、霍尼韦尔公司、斯坦雷公司等多家全球知名的汽车配件企业，这些知名企业在汽配行业内部起到了示范效应。第五，引进先进技术和管理经验。天津汽配企业通过对先进技术的引进和对国外管理经验的学习，在很大程度上提高了自身的技术水平和企业的运作效率，实现与国际汽配行业的接轨。由此看出，天津汽配行业正面临前所未有的发展机会。

　　目前，天津汽配行业的发展以天津滨海汽车零部件产业园为代表，产业园区内共有汽车生产企业110家，其中整车企业4家，零部件企业106家。2010年，园区汽车产能为50万辆，2015年达到120万辆。园区内企业不断响应政府"节能减排"等政策的号召，注重创新，得到了国家科技部、国家发展和改革委员会、天津市科委、天津市发展和改革委员会等各级政府部门的政策支持和资金支持；通过与银行和风险投资机构的合作，园区内企业获得了大量创新资金。通过与天津大学、河北工业大学等高校，以及园区内与汽车相关的2个内资科研机构、4个外资独立科研机构、1个企业非独立科研机构的项目合作，天津滨海汽车零部件产业园获得了大量的知识、技术、人才等创新资源，实现了自身在技术上的创新，具有了一系列高水平的技术成果（32位汽车微处理器技术、纯电动汽车等），获得了各类科技计划25项，实现了多个重大技术的突破，促进了大量具有自主知识产权的企业或者品牌的建立。发动机控制器（ECU）、车载卫星导航系统、汽车变速器等产品都是天津滨海汽车零部件产业园的明星产品。2013年，中国汽车零部件（天津）产业基地项目正式成立，项目投资总额高达 10 亿欧元，① 该产业基地旨在引进全球具有先进技术水平的汽配企业，建立具有国际水平的汽车零部件研发平台和服务平台，目标是成为全球科技创新中心，不断推动天津汽配行业的快速发展。

天津市汽配行业的快速发展，归功于行业内部的网络化发展。网络内部的一大批企业、大学、科研机构、金融机构、中介服务机构以及一些相关产业，通过区域集聚，从知识、技术到市场层面不断发生耦合，彼此间形成了一种相互依赖的关系，构成区域创新网络，降低了交易成本和创新风险，实现了协同创新，有助于克服市场壁垒，推动天津汽配行业的不断创新发展。天津市汽配行业之所以能成功建立区域创新网络主要有以下几个原因：

（1）区域内部具有规模较大和数量较多的整车企业和零部件企业，同时具备完善的汽车零部件配套市场；

（2）区域中存在天津大学、南开大学等实力较强的大学和科研机构；

（3）区域内的地方政府相关机构对汽配行业给予足够的重视和政策支持；

（4）区域内的银行和风险投资机构等金融机构对汽配行业提供大量的资金支持；

（5）区域内已经形成了比较完整的汽车专业化生产体系，并通过汽车行业协会等中介组织促进交流沟通。

天津汽配行业的发展是由小变大、由弱变强的渐进过程，而行业内部所形成的区域创新网络是推进天津汽配行业创新升级的核心推动力，具体表现在以下两个方面：

第一，天津汽配行业内部的区域创新网络有利于推动区域经济增长。

区域创新网络的构成可以促进天津汽配行业中的不同企业进行合作，有利于这些企业实现自身的成本最小化和利益最大化，从而提升自身的竞争力。企业自身竞争力的提高也将提升天津的整体竞争力，完善区域创新活动，促进天津地区经济的发展。天津地区经济的不断发展又会对企业提出更高层次的要求，加深创新网络内部企业间的分工合作，从而以更有效的生产组织方式和更低的成本进行生产，推动天津地区经济的整体发展。

第二，天津汽配行业内部的区域创新网络有利于实现产业集聚效应。

产业集聚效应所产生的经济外部性，是吸引外部企业或组织机构进驻

---

① 天津园区招商网．http：//tj. cnipai. com/news/2017 – 08/207486. htm.

区域创新网络的动力。区域创新网络形成后，会吸引更多的创新主体加入。网络内部的企业和组织机构等各相关创新主体之间通过合作交流，可以促进相关的知识、技术、信息和人才等创新资源的流通、升级、扩散和流动，产生累积效应，从而使区域内部的企业和组织机构获得更先进的知识和技术、更重要的人才以及更多的市场机会。

（二）区域创新网络现状分析

A 企业所处的区域创新网络存在一定的不足，但 A 企业通过与网络内部的各创新主体的合作不断发展壮大，在一定时期实现了自身的转型升级。通过对访谈记录的整理，本书总结了 A 企业的合作现状：

1. 与其他企业的合作。A 企业有 10 家供应商，通过与供应商的合作，A 企业获得了最新的原材料、先进的生产技术，这有助于保持企业自身的竞争优势。企业下游直接接触客户，即各大汽车公司，而且客户的数量从 2011 年的 10 家上升到 2013 年的 20 家，客户范围遍布全球，这有利于保证企业缩短获得最新市场信息的时间，进一步明确市场需求，及时作出调整。由于 A 企业的一些产品成本低、质量好，在国内具有绝对的竞争优势，所以一些竞争对手为了节省成本直接从 A 企业采购这些产品，从而变为 A 企业的合作伙伴或者客户。

2. 与地方政府相关机构的合作。作为高新技术企业，A 企业与天津市科委等有长达 10 多年的合作，联系比较频繁，获得了天津市政府相关机构的扶持。天津市政府相关机构每年拨款几百万给企业用于技术改造；A 企业享受天津市科委下发的科技型企业补助。

3. 与高校和科研机构的合作。A 企业在成立之初曾经聘请一位享受外国的国家特殊津贴的学者进行场外技术指导，使企业的研发技术和生产技术得到改进。现阶段 A 企业来自代理商的原材料价格高，而且在购买过程中企业自主性很低，不能有自己的要求。为了解决这个问题，A 企业开始选择与天津市和周围的高校、科研机构合作，进行新材料的共同研发，自主生产；同时，A 企业也在高校和科研机构内部寻找合适的人才，加强自身的人才储备。

4. 与金融机构的合作。A 企业与中国银行、工商银行等 7 家金融机构合作，联系比较频繁，2011 年底 A 企业与风险投资机构也展开了合作，企业每年从金融机构中都能获得大量的资金支持，对于企业创新能力的提高，加快企业高新技术产业化和国际化进程有重要的促进作用。

5. 与中介服务机构的合作。A 企业与行业协会等几家中介机构进行合作，合作时间 3~5 年不等，在合作过程中 A 企业与中介机构的联系比较频繁。通过合作，A 企业获得了协调、沟通、咨询等服务，中介服务机构对企业的人才引进和技术沟通交流等方面起到了促进作用。同时，A 企业通过与中介机构的合作交流，使自身的知识资本和社会资本得到积累。中介服务机构对 A 企业的发展起到了促进作用，对创新活动起到了"黏合"和支撑作用，如图 6.1 所示。

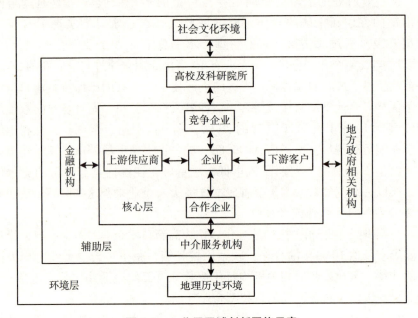

图 6.1 A 公司区域创新网络示意

资料来源：作者绘制。

通过调研，本章将 A 企业所处的区域创新网络内的主体分为了三个层次，第一层次（核心层）由同类或相关的企业构成，它们之间的合作最为密切，在创新网络中主要起支撑作用。第二层次（辅助层）由高校和科研院所、中介服务机构、金融机构和地方政府相关机构构成，高校和科研院所为区域创新网络内的企业提供最新的知识、技术和人才支持。中介服务机构，尤其是行业协会等，可以保障网络内部企业之间的合作关系与竞争关系，促进网络内部知识和技术等创新资源的整合扩散和创新成果的转化。金融机构为网络内部企业的运作和高风险的创新研发提供资金保障。

地方政府相关机构给予适当的政策支持，为企业提供良好的创新环境。第三层次（环境层）是指地理历史环境和社会文化环境，区域创新网络内部的所有主体都会受到地理、历史和社会文化的影响，地理位置、区域社会文化等都会对区域网络内部创新的实现产生深远的影响。同时，网络内部浓厚的创新文化还有利于各主体间的合作交流，对提高整个创新网络的创新能力有重要作用。

通过与区域创新网络内部各创新主体间的合作，A 企业实现了稳定快速的发展，营业额在 2008~2011 年快速增加，虽然在 2012 年和 2013 年间有所波动，但总体上保持了上升趋势，2013 年的营业额超过了亿元。同时，A 企业在创新发明方面也取得了一定的成果，现已有多项专利。这些成绩的取得，都保证了 A 企业的产品在合格率、质量、外观和性能方面的发展和提高。

二、区域创新网络中制约公司发展的因素分析

在前文分析的基础上，我们将这些影响、因素分为三个基本因素（动力机制、信任机制、学习机制）和两个辅助因素（协调机制和利益分配机制），基本因素和辅助因素之间相互影响、共同发生作用，如图 6.2 所示。

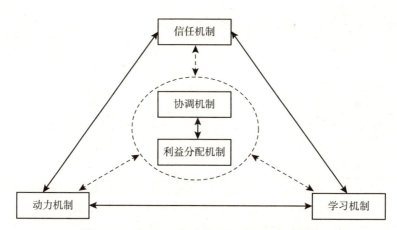

图 6.2　A 企业区域创新网络影响因素关系模型

资料来源：作者绘制。

基本因素和辅助因素的共同作用可以提高区域创新网络的运作效果。区域创新网络中的信任机制、动力机制、学习机制、协调机制、利益分配机制的建立和良好运行，是区域创新网络高效运作的基础。通过对 A 企业两大类因素的分析，作者认为 A 企业所处的区域创新网络存在以下问题：

（一） 创新合作的动力机制不足

企业是区域创新网络内部创新活动的 "执行主体"，是把创新成果转化为生产力的核心力量，在网络中处于核心位置，然而，A 企业所处的区域创新网络内部的多数企业缺乏进行创新合作的内在驱动力。通过访谈发现，A 企业所处的区域创新网络中一些规模较大的企业，有的处于初始发展阶段，有些企业管理者缺乏长远发展的眼光，缺乏在区域创新网络内部进行创新合作的动力。而那些中小企业规模比较小，自身的科研力量和技术力量比较薄弱，同时，缺乏相应的场外技术指导，多以短期的利益最大化为目标，缺乏长期的发展规划，无力支付创新合作过程中所产生的费用，不敢去开发那些具有较大的市场潜力和高风险的高级项目，因此进行创新合作的积极性也不高。

本章通过对统计数据的整理分析发现，天津的高新技术研究工作存在以下两个问题，如表 6.2 所示。

表 6.2　　　　　　2012 年高等院校科研活动投入情况

项目	天津	上海	北京	全国
高校数量（所）	55	67	89	2442
从事科技活动人员（万人）	2.01	3.83	6.96	67.8
科技活动经费筹集总额（亿元）	41.57	65.16	159.83	843.17

资源来源：作者根据《中国科技统计年鉴 2013》，中国统计出版社，相关数据整理。

1. 高校科研活动投入少

从表 6.3 中可以看出，与北京、上海这两大科研能力较强的城市相比较，天津在技术创新能力和经费投入方面较少，高素质人才短缺。同时，天津高等院校的数量也比较少，全市仅有天津大学、南开大学、天津医科大学和河北工业大学 4 所 "985" "211" 院校，科研人员短缺，科研基础薄弱，造成了科研能力相对落后。

表 6.3 　　　　　　　 2014 年研究与试验发展（R&D）经费支出情况

地区	R&D 经费支出（亿元）	R&D 经费投入强度（%）
天津	360.5	2.80
上海	679.5	3.37
北京	1063.4	5.95
全国	10298.4	1.98

资料来源：作者根据《2012 年全国科技经费投入统计公报》整理。http：//www. mof. gov. cn/zheng wu xin xi/cai zheng shu ju/201309/t20130926_ 993359. html.

2. 高校、科研机构对市内企业技术支持力度小

2012 年，天津市 R&D 经费支出为 360.5 亿元，比 2011 年增长 21.05%；R&D 投入强度为 2.80%，比 2011 年增长 6.46%，均高于全国平均水平，可以看出天津市对于科技创新的支持力度不断增加，但相比北京、上海来说，还有一定差距。此外，与北京、上海相比，天津市企业与高校和科研院所合作较少，这方面的情况可以从区域技术市场成交情况得到证实，见表 6.4。要想实现全市在科学技术领域创新活动的进一步发展仍需努力。

表 6.4 　　　　　　　　　 区域技术市场成交情况

指标	区域	2008 年	2009 年	2010 年	2011 年	2012 年
成交合同数（项）	天津	9312	9842	9540	11699	13381
	上海	28593	26952	25945	29005	27649
	北京	52742	49938	50847	53552	59969
	全国平均	7073	6780	7175	8013	8820
成交合同金额（亿元）	天津	87	105	119	169	232
	上海	386	435	431	481	519
	北京	1027	1236	1580	1890	2459
	全国平均	83	95	122	149	201
技术流向地域合同数（项）	天津	7285	7246	7291	8750	9084
	上海	25735	24180	24162	27158	27857
	北京	32583	32341	33370	26021	43513
	全国平均	7073	6680	7175	8013	8820
技术流向地域合同金额（亿元）	天津	88	138	104	174	205
	上海	309	273	329	340	409
	北京	395	482	498	679	974
	全国平均	83	95	122	149	201

资料来源：作者根据《中国科技统计年鉴》，2008 年、2009 年、2010 年、2011 年、2012 年相关数据整理计算而得。

（二）创新合作伙伴间的信任机制不稳定

大量国内外研究文献中写到，主体之间的相互信任是构成区域创新网络的重要因素。区域创新网络内部各主体间通过重复性的交易加深了彼此间的沟通和交往，从而建立了合作过程中的信任关系。在访谈调研过程中发现，A企业所处的区域创新网络内部各主体之间的合作有其独特性，而且合作关系具有长期性，但是有一些因素制约着各主体间建立持久而稳定的信任关系，不利于网络内部长久合作的实现。

在调研过程中发现，A企业所处的区域创新网络内部的企业间还不是真正的"成群"，而是"成堆"的现状，许多公司的下游产品的市场份额比较小，产业关联度低，产业内的企业之间还没有形成一条完整有效的产业链。这就造成了区域创新网络内部企业之间，企业与各相关机构之间的关系松散，相互之间的资源、技术和市场的关联度低，不能产生集聚效应，阻碍或无法建立信任关系。

通过总结得出，A企业所处的区域创新网络内部的一些企业由于管理者目光短浅、规模小、资金能力差等原因，以追求短期内自身的利益最大化为目标。它们不顾后果，会为了实现自身的短期利益而破坏与合作伙伴间的关系，损害合作伙伴的利益，这很容易遭到对方的报复，破坏之前建立的信任关系。如果企业的这种行为不加以管制，会在网络内部形成恶性循环，使网络内部很难或不能建立信任关系。

A企业希望与其他企业或者机构组织进行合作，以此来提升自身的创新能力、竞争能力和抵御风险的能力，实现协同发展，产生集聚效应。但是，由于园区内部一些企业生命周期较短（产业园区内80%的企业会在3~5年内消失）和机会主义行为等原因，产业园区内部区域创新网络总是处于不稳定状态，A企业很难找到能持久稳定地和自己合作的机构组织，网络内部的主体之间缺乏长久有效的合作就会影响彼此间信任关系的建立。

（三）不能充分发挥学习机制的作用

在知识经济时代，知识创新是技术创新实现的基础，知识是实现区域经济发展的第一要素，实现知识的价值是区域经济发展的核心。通过调研发现，A企业所处的区域创新网络由于工作条件和人文环境等因素，造成了区域内高素质人才的流失，研发力量薄弱，不能实现知识的创新升级，阻碍了网络内部学习机制作用的发挥，其原因主要分为以下几个方面：

区域创新网络内部的知识和技术创新活动是多个主体共同作用的结果，这个创新过程涉及多个环节和部门。但是，A企业所处的区域创新网络内部的创新环节之间相互脱节，有时高校和科研院所所创造出来的技术知识并不能和企业的需求很好地对接。造成这种现象的主要原因就是网络内主体学习能力较弱，彼此之间缺少有效的沟通交流活动，不能形成有效的集体学习机制。

在当今时代，任何一个产业都具备一条完整的产业链，单个企业是不能独自完成从研发到生产加工和销售这一过程的，它只是产业链上的一个环节。随着同一产业链或不同产业链上的企业间的合作越来越紧密，它们之间的边界正在变得模糊，不同的产业链开始融合联结，形成产业生态链网，有利于资源的合作。但是，A企业所处的区域创新网络内部的企业间创新意识和动力较弱，不能彼此之间形成良好的学习交流机制。

区域创新网络内部的产学研结合度低，合作环节之间相互脱节，没有形成合力，不能促进网络的有效运行。除了A企业这类比较大型的企业外，其他企业与高校和科研院所之间缺乏沟通，关系仍然比较松散，这就造成了高校和科研院所的知识和技术等创新成果不能及时应用到企业，创新资源没得到充分利用，不利于提高区域创新网络的整体创新能力。

调研发现，A企业所处的区域创新网络内部的企业缺乏与世界先进技术的合作，同时，在合作过程中不注重对自身所不具备的技术能力的学习研究，缺乏主动学习的愿望，只是单方面引进，而不是双向交流。这就造成了在合作过程中网络内部的企业与国外企业地位的不平等。

（四）协调机制有待加强

区域创新网络内的各主体间存在着正式关系和非正式的关系，主体间关系的好坏对网络整体的创新效率有重大影响，因此，需要通过正式机制和非正式机制来协调它们之间的关系。正式机制是指，那些为了协调网络内部主体间的关系而制定的规章制度、条款、契约。非正式机制是指，各主体之间建立的信任、和谐的关系和当地的文化约束等。只有正式机制和非正式机制同时发挥作用，才能有效地协调好区域创新网络内部各主体之间的关系。企业所处的区域创新网络的协调机制主要有以下不足：

社会资本不等于社会关系，它还包括相关的社会价值和规范。帕特南

（PutnAm，1994）将社会资本定义为社会组织的特点，他认为社会资本能够促进社会效率的提高。汽配行业区域创新网络内的各主体之间的经济活动等经济要素嵌入在它们之间的信任、规范等非经济要素中，而且，整个区域创新网络同时又嵌入一个社会关系网络中。在这种情况下，网络中的社会资本的作用如果得以发挥，就能在很大程度上推动各主体间的创新活动，保证区域创新网络的良好运转。但是，A 企业所处的区域创新网络中的社会资本的作用不被重视，导致了各主体间信任度和合作热情的缺失。

近年来，全市通过知识创新、技术创新等活动，营造了创新文化氛围。但是，A 企业所处的区域创新网络内只有少数规模较大、实力较强的企业具有容忍失败、不断创新的能力，其他规模较小的企业由于自身能力等原因不敢创新，在网络内部在合作创新这一问题上仍未能达成共识，导致创新文化氛围不浓厚。

区域创新网络内部的主体，可以将监督活动委托给一个独立的第三方机构，对网络内部那些采取非法手段进行合作的参与者进行处罚，从而在网络内部形成良好的自我约束氛围，避免机会主义行为的产生。A 企业所在的区域创新网络中虽然中介机构众多，但是发展很不平衡，服务体系不健全，技术咨询、知识产权和相关的仲裁机构有待于建立、健全相应的配套设施。大多数中介机构的规模较小，员工素质不高。其中有将近90%以上的中介机构具有政府背景，带有一定的行政色彩，这就使得中介市场机制不够完善。

（五）缺乏合理的利益分配机制

在市场经济条件下，区域创新网络内部的合作是指网络内不同利益主体之间的合作，各主体为了自身的生存和发展都在不断追求自身利益的最大化。如何处理好各方的利益关系是非常重要的，这关系到了网络的存在和发展。利益分配机制的核心问题，是知识产权的分配问题。如果处理不好，会使合作主体之间发生矛盾，甚至对簿公堂，这就破坏了区域创新网络，所以，我们需要充分发挥市场机制的作用来调整网络内部的利益分配格局。同时，为了防止区域创新网络内部主体之间合作关系的破裂，还应在网络内部建立完善的反馈机制，通过法律和行政等手段及时处理并解决区域创新网络内部的矛盾，使各主体间和平共处。

A 企业所处的区域创新网络在知识产权的归属问题上做得很好，各主体之间基本不会发生纠纷；但是，网络内部缺乏健全的反馈机制，这就不利于在网络内部树立共赢观念和维持区域创新网络的稳定。

三、天津市汽配行业区域创新网络建设的对策分析

针对 A 企业所处的区域创新网络中的问题，作者提出了五点建议：提高网络内部各方的创新动力、促进网络内部主体间信任关系的建立、建立良好的学习机制、加强网络内部协调机制的建设、建立明确的利益分配机制。这五点建议相互之间发挥作用，可以在很大程度上推进区域创新网络的建设，如图 6.3 所示。

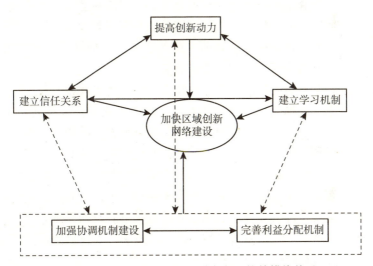

图6.3　加快 A 企业所处区域创新网络的措施关系

资料来源：作者绘制。

（一）提高网络内部各方的创新动力

1. 网络内各方提高自身的创新意识。要想提高企业的创新意识应从三方面着手：第一，发挥市场机制在企业创新过程中的作用，将企业置身于市场竞争之中，使企业迫于生存的压力增强创新意识，进行创新活动；第二，通过相应政策的制定和重要信息（重要产品信息、招商引资信息、技术信息等）的发布，来引导中小企业参与创新活动。第三，加大对企业实施税收减免等优惠政策的力度，特别是那些新成立的，具有良好发展前

景和市场潜力的中小高新技术企业，提高其创新积极性。

2. 增加地方政府相关机构的创新投入。天津市政府对创新活动投入的增加会在一定程度上调动区域创新网络内部各主体的创新积极性，激励它们进行创新活动。具体做法有三个。

第一，通过相应的法律法规的制定和行政手段的实施，不断增加天津市政府相关机构在创新活动中的投入。完善现有创新活动的财政拨款制度，不断提高全市创新活动的拨款在财政支出中所占的比例。

第二，调动全市增加创新投入的积极性。应努力发挥市场机制的作用，借助税收优惠、财政资金投入、政府引导和政府采购等政策工具的力量，在最大程度上提高全市在创新投入上的积极性。

第三，建立和健全科技资产管理制度。对于那些通过天津市政府相关机构的投资而取得的科技资产，应运用严格的管理制度对其进行管理，通过对财政资金的合理运用来调动所有创新主体的积极性，为实现 R&D 经费在国民生产总值中所占比例的提高而努力。

加快高校和科研院所的科研能力建设。加快高校和科研院所的科研能力建设，首先，应加快高等教育的发展，不断扩大全市高校的办学规模，力求在高校内部实现教育的思想、方法和体制等方面的创新，推动天津市创新活动的发展。其次，根据天津市的经济发展和产业布局现状，通过"撤、建、并、转"，有重点地建设一批具有开放性、多学科综合性的国家级研发机构和重点实验室。最后，还应加强和改善科研条件，为科学研究的高效运行提供良好的环境。要通过高校和科研院所的联合，努力建设国际化的科研院所。通过对科研基地的重组和重建，以及科研设施的更新引进来提高天津市科研的现代化水平。

（二）促进网络内部主体间信任关系的建立

区域创新网络是一种自组织结构，网络内主体间的信任关系是支撑网络存在的关键因素，信任是网络内部主体间关系的润滑剂和粘合剂，信任缺失或者程度不够都会造成合作的失败。信任机制可以使网络内成员之间行为的不确定性降到最低，从而保证成员之间合作的有效性。信任机制作用的发挥离不开法律和道德的支持，法律会惩罚失信者，奖励守信者，法律的顺利实施必须要有道德的支持，缺乏道德的支持，法律的作用就不能落到实处。为了避免道德、法律和信任进入恶性循环，阻碍区域创新网络的有效运行和作用的发挥，首先，天津市政府应完善立法，同时加强执法力度和法律的威慑力，使法律能真正保护守信者的利益和权益，使失信者受到惩罚。其次，大力进行道德宣传和教育工作，提高个人和企业对自身信用建设的重视程度，在社会中建立浓厚的信用氛围；再其次，改进和完善信用记录体系，将个人和企业过去所有的不良记录进行备案，并在相关平台上公布；最后，增强区域创新网络内部各主体间的社会资本意识，促使各主体在网络内部努力建立良好的社会关系网络，建立彼此间的信任，促进网络内部的创新合作。

（三）建立良好的学习机制

区域创新网络内部的主体来自不同的领域，他们之间的价值观、文化层次和工作方式可能会有很大差异，要实现天津市汽配行业区域创新网络的高效运行，就需要消除网络内部不同主体间的隔膜。良好的学习机制就是消除隔膜的有效途径，它可以促进各主体间的相互理解，充分发挥各自优势，最终实现协同发展。此外，创新是区域创新网络的灵魂和核心，要想实现创新，必须靠学习来实现。在网络内部构建良好的学习平台，营造学习氛围至关重要，主要可以从以下几个点着手：

第一点，通过制度环境的改善以及市场秩序的规范，在网络内部建立浓厚的学习氛围。其中，对于非正式的制度环境的改善有重大意义，因为诸如传统的习俗和文化等非正式的制度环境，对于网络内部主体间的合作交流有重大的促进作用；同时，非正式的制度还可以促进区域创新网络内部形成信任的社会文化氛围。

第二点，建立和完善促进学习交流的机构。天津市政府应建立一些信息中心来促进学习交流，这些信息中心可以帮助企业从高校和科研机构中顺利获得知识。此外，还应在网络内部建立公共研发部门等可以促进技术转移的机构。这类机构可以为网络内部的主体提供一些比较重要的技术信息、市场信息、合作伙伴信息等。

第三点，运用财政措施，增强企业学习和创新的积极性。通过运用相关的财政措施，对企业进行扶持，鼓励和支持一些具有实力的企业加大研发创新力度，为这些企业提供良好的学习资源和平台。

1. 加强网络内部协调机制的建设

第三方中介机构在协调区域创新网络内部各主体间的关系中发挥着举足轻重的作用，网络内部高质量的中介机构的建立和发展可以在很大程度上营造自我约束的氛围，规避机会主义行为的产生，充分发挥社会资本的作用，有利于网络内部合作文化的形成。可以通过以下几点来提高区域创新网络内部中介机构的质量：

（1）管理运行规范化。可以从两个方面来对中介机构进行管理：首先，制定相应的规章制度。天津目前还没有专门的地方性法规对中介机构进行约束，因此，急需《中介服务从业人员职业道德准则》这类法规对中介服务机构的行为进行约束，使其进入有序发展和运作的轨道中；其次，通过建立行业协会来加强中介服务行业的自律。

（2）多元化经营主体。市场机制是推动中介服务机构发展的根本动力。因此，需要打破天津的中介服务机构主要由政府相关机构出资的现状，将其引入市场中，发展为由企业、高校、政府相关机构等主体共同经营的机构。同时，除了在一些特定领域内保持中介服务机构的非营利性外，还应通过税收等优惠政策帮助那些以集体或私营等形式存在的中介机构实现多元化发展。在国外，那些成功的中介组织大多是合作制或股份制的组织形式，相比个体制形式的中介机构，它们具有更强的实力、竞争力和发展潜力。因此，为了协调好天津市汽配行业区域创新网络内部各主体间的关系，也应该大力推进中介服务机构的改制，实现多元化发展。

（3）构建网络信息化。中介服务机构是为了实现供求双方的信息对接而产生的。但是，随着知识经济时代的到来，单个中介服务机构已不能满足数目众多的供求双方的需求。为了实现中介服务机构之间的网络化，首先，各中介服务机构应建立自己的网络平台，通过在平台上展示自身的优势，可以方便自身与业务者以及其他中介服务机构的合作；其次，天津市政府也应为中介服务机构建立公共的信息服务平台。为中介服务机构提供其业务所需的数据等资源，实现信息资源的共享，提高中介服务机构的服务水平。

2. 建立明确的利益分配机制

区域创新网络内部的合作成果是通过各方的努力共同实现的，那么，在分配成果和收益时就应该按照一定的比例进行，公平的利益分配也是区域创新网络进行合作的基础。区域创新网络中的利益分配机制，基于明确的产权关系。建立明确的利益分配机制的核心是建立明确的产权关系，具体应做到以下两点：

（1）树立现代产权观念。清晰的产权关系是区域创新网络的利益分配机制建立的基础，树立正确的产权观念对于网络内部主体间产权意识的增强有促进作用，同时，树立正确的产权观念是建立产权制度的基础，有利于减少区域创新网络内部的纠纷，促进创新合作活动的进行。

（2）完善产权立法。完善的产权法的制定是十分重要的，目前，天津还没有相关地方政策法规的出台，仍有不少组织机构对知识产权的认识处在比较浅的层次上，对知识产权的保护和归属等问题认识不清，因此，需要《天津市知识产权保护条例》这类政策法规的出台。这有利于清楚地界定和保护知识产权，加强关于知识产权问题的执法监督，通过对各种侵权行为的惩罚来促进利益分配的公平性，保障创新者的合法权益。

第三节　区域创新网络文化传媒产业升级机理和路径分析[①]

本章通过对 B 公司进行深入研究，更好地解释验证文化传媒产业升级的路径。通过实地考察企业，与企业成员进行深入交谈，也与企业建立合作关系的企业进行访谈。并通过企业网站、企业印发的资料、官方报道等途径获取相关资料。作者对 B 公司所处的网络进行较全面地了解，增强本节的说服力。

一、区域创新网络构建及分析

（一）B 公司未加入创新网络前的困境

B 公司未加入区域创新网络时，资金匮乏和技术缺乏是其首要困境。B 公司以技术和无形资产为主，固定资产相对较少，可抵押物少，导致借款困难。B 公司产品收益不确定、风险较大，金融公司不愿投资，导致融资渠道较少。B 公司成立之初，技术人才较少，资金匮乏导致 B 公司投入的技术研发资金较少，公司规模较小对人才的吸引力也不足。B 公司成立之初，地方政府相关机构对其支持力度不够，没有相关政策支持其发展，专项资金也不会给 B 公司。设备供应商也不稳定，不能以较低的价格拿到设备。技术不先进也得不到同行业的支持，同行业对其进行打压。

---

① 陈峰. 基于区域创新网络视角的文化传媒产业升级机理和路径研究. 天津财经大学硕士学位论文，2014.

（二）结网动机

B 公司技术缺乏严重影响了企业发展的步伐，B 公司加入创新网络可以与高校、科研机构合作，提升技术创新能力，同时获得技术支持。与同行业合作能够形成合作竞争优势，实现资源、信息共享，形成创新竞争优势，提升企业的创新能力。B 公司前期资金匮乏阻碍着企业发展，与金融机构的合作能够获得资金支持，但是目前，B 公司的发展缺乏政策的支持和指引。

（三）结网过程

1. 创业期——网络孕育期

B 公司成立之初，开展的业务处于价值链的最低环节，这一环节没有竞争力也没有定价能力，利润极低。随后，B 公司开始了自身的结网过程，改变自身定位，分离出低端加工业务，将业务拓展到传媒产品的制作和后期处理等。B 公司筛选合作伙伴，区域创新网络的核心在于创新，合作伙伴的创新能力和素质的高低影响着整个网络的创新能力。B 公司选择合作伙伴时非常谨慎，会优先选择产品质量好，专利数较多、资金较充裕、善于组合创新资源的企业。此时，与这些企业、地方政府相关机构、金融机构建立弱联系，将最基本的拍摄外包一部分出去，并对外包的企业提供技术支持，地方政府相关机构通过政策和资金支持为 B 公司科技发展提供最有力的支持，金融机构开始接触 B 公司，给予一定的资金支持。这样完成了结网过程，这一阶段为创新资源整合阶段，B 公司与周围企业建立联系，随着沟通、交流频率的增加，创新资源的流动性增加，企业的专利数量在这时有一定提升，加快了创新过程。B 公司与企业实现了少部分资源共享，促进了企业间信息、资金流通，但是，此时的流通资源较少。B 公司与地方政府相关机构也建立了联系，地方政府相关机构在天津市建立了文化产业园区，支持文化产业的发展，有专项资金和政策的支持，B 公司获得了一定的支持，但是支持力度并不大。这阶段的升级主要为产业升级。B 公司的做法是将低端利润加工环节外包出去，将自己置身于价值链上游环节。

2. 成长期——网络成长期

在发展阶段，B 公司、地方政府相关机构、企业、金融机构处于弱联系阶段，关系较弱，并且它们间的关系并不稳定。B 公司认识到，仅通过自身的研发并不能解决技术问题，因此，B公司与高校、科研机构建立联系，加大资金投入，邀请了一位重点大学的教授作为技术研发指导，并与天津多所高校建立了联系，为其提供实习的机会。与科研机构合伙开发这项新的技术。与两家银行建立了联系，并得到了一家投资公司的资金支持，为企业的创新提供了资金支持。此阶段，B公司主要以产品和工艺升级为主，B公司科技，一方面，提供相应的产品和服务满足消费者的需求；另一方面，也会创新一些产品和服务，引导消费者。同时，将传播渠道由全媒体整合、多媒体的传媒替代以前单一的传播渠道。同时，B公司还注重文化衍生品的开发。

3. 成熟期——网络成熟期

在区域创新网络形成以后，B公司与其他企业间的联系由弱联系向强联系转变，目前阶段B公司与其他企业处于多边强联系阶段。地方政府加大了对B公司科技的投入力度，投入数百万支持B公司技术创新。与中行也建立了合作关系，有两家风投也在考察B公司，准备对其进行投资。与多家天津高校中的一家建立了强联系，在学校开设相关课程，对实习的学生进行"手把手"教学。专利数也增加到几十项，科研技术被B公司成功转化为产品，效果得到了消费者的认同。同时，加大了与国外企业的交流合作，合作开发新技术、交流文化心得，彼此从对方文化中发现创新的产品和服务。同时，B公司与合作企业的技术、信息、知识的交流更加频繁，网络的创新能力大幅度提升，逐步成长为网络中的核心企业，在价值链中逐步上升到上游阶段。B公司发展受到行业协会的注意，天津文化传媒协会邀请B公司人员指引其他文化传媒企业的发展。

（四）结网益处

B公司加入区域创新网络后，首先，解决了自身的资金问题和技术问题，科研机构和高校能够给B公司提供最新的技术支持，同时，与同行业的竞争提升了创新能力。与银行的长期合作，银行会给予B公司一定的资金支持，投资公司也会进行投资，政府也会给予专项资金支持。通过加入网络，B公司获得了较多资源，行业协会也为B公司提供关于文化行业发展的最新情况，有利于B公司了解最新的资讯，区域创新网络为B公司带来了各种益处。

（五）企业所在网络组织分析

B公司成立之初，开展的业务处于价值链的最低环节，这一环节没有竞争力也没有定价能力，利润极低。根据对B公司进行的访谈记录以及对合作企业了解的情况，B公司逐步发展成拥有三个子公司，并与零件供应商、设备用户、高校、科研机构建立了合作关系。建立了自身网络，如图6.4所示。

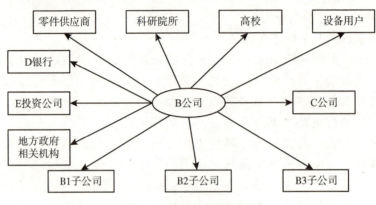

图6.4 公司所在网络组织

资料来源：作者整理。

其中：

（1）B公司作为这三家子公司的母公司，对三家子公司全权负责，各个子公司设立独立的负责人，定期考察子公司，建立良好的沟通机制。需要生产产品时，由B公司牵头，将任务分配给B2子公司，由其完成基本素材，再由B3子公司进行后期的处理，最后将产品交给客户。同时，B1子公司将自己的设备租给有需要的客户，并进行技术上的指导。

（2）B公司供应商遍布全国，有些器材通用性较强，可以与多家供应商建立联系，而有些器材专用性强，就只适用于固定的供应商。

（3）科研院所。与B公司合作的科研机构较多。B公司与这些科研院所合作，能够获取自身发展所需要的技术，有利于获得最新研究成果。在合作过程中，科研机构能够将自身研发的技术转化为生产力，而不是舍弃创造出来的技术。B公司与科研机构建立了长期合作关系，并签订了合作合同。

（4）客户。客户的需求都不同，B公司在了解客户需求后，创意团队会研发出几套不同的方案，让客户挑选。B公司去现场考察，并安排所需设备。B公司通过自身的研发和引进国外技术，在同样效果下，比国外企业的收费低得多。越来越多的客户选择与B公司合作。其中，不乏一些大公司。

（5）C公司。C公司与B公司的经营范围大致相同，地理位置相近，实力不分上下，相对于B公司，C公司的优势在于产品的后期处理，而B公司的优势在于高难度技术，B公司和C公司会进行合作，各自发挥所长。

（6）金融机构。当B公司逐渐被客户认可后，有B投资公司到B公司考察，进行投资。B公司和A银行建立长期合作关系。B公司在A银行开户，能以较低的利率获得贷款，而且审核程序特别简单。

（7）地方政府相关机构。B公司每年能够得到地方政府相关机构专项资金的支持，并且也有针对性的特惠政策，同时享受文化产业政策。

二、文化传媒产业升级机理分析

（一）区域创新网络作用机理

1. 产业集群效应

随着B公司的发展，公司规模逐渐增大，与科研机构、高校有了少量合作，B公司发现与科研机构、高校合作能加速技术创新，随着合作次数的增加，便与科研机构和高校建立了长期合作关系。B公司技术的进步，改变了C公司技术打压的态势，与C公司建立了竞争合作关系，实现了知识、资源、信息的共享。这样建立了产业集群的雏形，集群的快速发展使资金、信息等要素也加入这个集群中，网络中的生产要素不断增加，B公司可利用的生产要素也不断增加。B公司可以快速、高效、合理地安排网络中的资源。这时，B公司成立了上述3家子公司，使得集群规模越来越大。随着网络中企业规模化和专业化程度的提高，B公司与科研机构、高校、子公司、C公司加强了交流，交易频率增加，增加了企业的信誉和美誉。

2. 协同创新

随着B公司和C公司合作次数的增加，两家公司的关系越来越好，信息、资源、技术能在 B 公司和 C 公司间快速流动，B 公司可以获取创新所需要的要素。B 公司与 C 公司的竞争关系，也是 B 公司持续创新的不竭动力，B 公司产品后期处理技术低于 C 公司，B 公司加大后期处理技术的研发投入，同时，C 公司前期技术低于 B 公司，C 公司加大前期技术的研究投入，形成了你追我赶的局面，B 公司与 C 公司竞争驱动，有助于技术的创新。C 公司技术研发出来后，能够带来创新活动，C 公司与 B 公司的联系，使得技术创新能传递到 B 公司，降低了技术的成本和研发风险，当技术的成本降低时，无形中增加了技术创新的利润。与天津高校的合作是以项目的形式完成的，B 公司和高校就技术开发问题形成一个项目报告，然后，交给高校进行研发，同时，B 公司也会提供基础性的技术支持。B 公司的专利数不断增加，创新能力不断增强。

3. 信任互惠

随着区域创新网络的成熟，各种资源在以 B 公司为核心的网络高效流动，技术和信息能发挥最大潜力，许多人才积极加入 B 公司、C 公司，并且人才在两家公司能够快速成长，两年后他们的工资是之前的两倍以上。网络中，B 公司、C 公司、D 银行、E 投资公司、三家子公司、设备用户、科研机构、高校的联系更加紧密，他们间的信任程度不断提高（B 公司能免费运用 C 公司的技术）。网络中的主体形成了共同的价值观（B 公司、C 公司不再以利润最大化作为企业的经营目标，而是改为维系区域创新网络，以整体利益作为衡量标准）。B 公司与地方政府相关机构的关系不断强化，B 可以较容易获得地方政府相关机构的资金支持，同时也会有好的政策引导，例如，地方政府相关机构给予 B 公司免税的政策。D 银行也积极加入这个集群中，为 B 公司提供资金支持。B 公司逐渐成为核心企业，E 投资公司也加入网络中，为 B 公司提供资金支持。这样，以 B 公司为核心的产业聚集效应出现。

（二）产业升级因素提取

根据对 B 公司所在网络组织主体的调查研究，以及与 C 公司各部门经理的访谈记录，对 B 公司所在网络组织各方面因素进行分析，可以总结出：

①网络组织中科研机构、高校能够为 B 公司提供新的技术，与 C 公司

的联系能够使技术、知识等要素在企业间流动。B公司与C公司是合作竞争关系，激发B公司的技术创新。

②B公司与金融机构长期合作，建立了信任机制，有助于得到金融机构的资金支持。同时，与政府的合作，可以得到政府专项资金支持。

③B公司与供应商的合作能够以低成本获得设备支持，与科研机构的联系能够得到人才，与消费者的联系可以使得研发更有针对性。由于网络的开放性，B公司也可以从外部得到人才，获取知识与信息等创新要素。

④B作为文化产业也可以得到政府的资金支持。

（三）产业升级路径

1. 产业间升级

B公司在创立时期，主要经营业务为产品生产的最低环节，B公司将资料交给下游企业进行后期处理。虽然B公司急需提升自己的技术水平，但是，资金缺乏和人才匮乏阻碍了技术创新的步伐。B公司不能获得高水平的设备也是B公司处于价值链最低环节的原因。地方政府相关机构也不会关注B公司。随着B公司的发展，建立了以自身为核心的区域创新网络，与高校、科研院所的合作能提升B公司的创新能力，B公司与C公司合作频繁，建立了长期合作，资源、技术、知识在企业间高效传递，为技术创新提供了良好的环境，为产业升级提供了技术支持。区域创新网络中的D银行、E投资公司为B公司的技术创新提供了资金支持。地方政府相关机构也制定适合B公司发展的政策。随着创新能力、资金支持、政策支持力度增大。B公司剥离了原先低端的生产环节，成立自身的创意团队、科研团队，将自己的业务拓展为承办某个文化活动，实现了产业间升级。B公司自身的转型升级，带动了整个产业园区文化传媒产业的转型升级。

2. 功能升级

B公司作为区域创新网络的核心企业，提升了整个网络的创新能力。B公司创建了自己的品牌，合理利用区域网络中的资源，以区域网络的方式建设全文化媒体的传播平台，在此平台上进行创新，将传统的文化媒体与新的文化媒体完美结合，并在此基础上开发网络媒体，实现全面融合。B公司提升营销能力，营销能力是B公司核心竞争力的重要组成部分，根据市场环境的变化迅速调整自身组织结构和方向。加强与企业内部成员的沟通，在市场中以客户为中心，与供应商、客户形成了价值链，并且，拥有了组织价值链和创新价值链的能力。最后，由于 B 公司处于区域创新网络的核心位置，是技术创新的发起者或引导者，具有了维系价值链的能力，B 公司完成了功能升级。由于处于核心位置，B 公司在价值链中的提升，通过技术外溢和互动学习带动了整个文化传媒产业能力的提升，提升了文化传媒产业在价值链中的地位，实现了文化传媒产业的升级。

第七章

天津市产业结构转型升级的对策建议

在如今互联网以及大数据的环境下，一个国家的竞争力在很大程度上取决于该国产业的创新能力和转型升级能力。本章对基础理论进行梳理，并在区域创新网络以及产业升级两大领域的国内外丰硕研究成果基础上展开研究。通过对创新内涵以及创新网络的分析，得到常见的 4 种演化方式，并从横向、纵向以及网状辐射三个方面探讨了网络演化的内在机理，指出了八条具体的转型路径。本章通过对企业转型和升级的路径梳理，提出了适合天津市产业转型升级的实施路径以及相关对策建议。

第一节　产业转型升级的基本路径

产业的发展可以从纵向的提升和横向的提升两个角度探讨。产业转型升级可以具体细化为两个方面，产业的"转型"以及产业的"升级"。"转型"是以纵向产业结构调整为主，而"升级"是指在纵向产业结构基本稳定的前提下，该产业链中局部技术的横向提升。[①] 郑健壮将研发（R&D）环节，表示为 r，制造（manufacturing）环节表示为 m，营销（selling）环节表示为 s，并以此为基础提出了 4 条典型的转型和升级路径，分别是产业间的转型升级、产业内的转型升级、产业内升级、产业间转型升级四条基本路径，[②] 产业转型与升级的示意图，如图 7.1 所示。

路径 1： 产业间的转型升级（1m ~ 2m ~ 3m）。路径 1 表示的是，某个产业从第一产业的制造环节转到第二产业的制造环节，再转到第三产业的制造环节的转型路径。这种转型有两种路径形式，分别是平稳渐进式和倾

---

① 孙宝强. 产业升级理论研究中的争论与反思. 天津商业大学学报, 2011（4）: 56 – 62.
② 郑健壮. 基于资源整合理论的制造业集群竞争力. 武汉: 武汉理工大学出版社, 2005.

斜突进式。平稳渐进式的转型方式，即从第一产业为主导逐步转向第二产业和第三产业，采取循序渐进的形式实现。而倾斜突进式则是根据该地区产业发展实际情况有针对性地选择某一个产业或几个产业进行重点发展，形成一个创新网络，最终通过这一个行业或几个行业升级来推动所有产业的升级。

路径2：产业内的转型升级（2m～2M）。路径2表示的是，在某一个产业内部不同的子产业之间进行转型升级。如从通信设备行业转化到仪器仪表、办公用机械制造业等路径的转型。这种产业内的转型升级路径，具体可以分为"加、减、乘、除"四类。具体来说，"加法"就是在产业中增加新的产业，最终实现转型；"减法"就是在现有的产业链条内通过减少企业的某些无用或者作用小的环节，提升组织效率最终实现升级转型；"乘法"就是通过改变产业的相关文化，用文化渗透这种软实力去鼓励企业实现转型；"除法"和"减法"的路径相类似，由于各个产业在自身的产业链中存在着冗余或重复，通过去除这些无用的环节，使其从产业链中剥离出来，最终实现合理的转型升级。

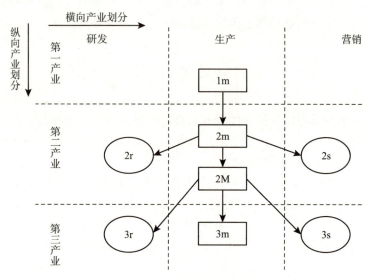

图 7.1　产业转型和升级示意

资料来源：郑健壮．产业集群转型升级及其路径选择．浙江大学博士学位论文，2005．

路径3：产业的升级（2m～2r或2s）。路径3表示的是，相关产业从以制造为主转化成以营销或者研发为主。在转向研发环节或营销环节的过程中，相关企业可以通过群体学习及个体学习以提升企业自身的技术能力、研发新产品或替代低附加值产品、重新构建相关的组织架构、形成产业的价值链以及产业链，寻求在商业模式上的创新以及和其他的企业建立良好的合作关系等方法来实现产业升级。先要鼓励企业向其相关的上下游产业链发展，提升自身的技术研发能力及营销能力，与相关的大中专院校、科研院所等机构积极地合作，注重产业链与价值链的增值。

路径4：产业间转型升级（2m～3r 或 3s）。路径4就是所谓的跨产业升级。例如，第二产业相关的制造业向第三产业的研发或营销进行转换，是最难的转型升级方式。这条路径既包含转型的因素，又包含升级的因素。因此，有先进行转型再进行升级、先进行升级再进行转型以及转型和升级同时进行三种相关路径可供选择。一般情况下，当企业面临成本上升、市场份额变小但又能提升自身能力的情况下，会先选择跨产业转型升级方式对企业进行改革。在这种情况下，企业的技术范式以及相关的商业模式都会发生改变。如房地产行业向着动漫业进军，并致力于研发新的卡通动漫。

对于产业转型升级的路径，需要适应现有产业发展的实际情况。我们在转型升级的过程中还有许多需要注意的问题，首先，在转型过程中需要相关部门给予政策上的支持，这种政策上的支持是不可或缺的。其次，在转型升级过程中必然涉及一些不适应环境的企业走向衰亡，迎合市场需求的企业诞生。这是不可避免的，在这种情况下企业要适应环境的变化。最后，在转型发展过程中我们不仅要注重相关产业的"龙头"企业的转型发展情况，也不能忽视相应的配套（协作）企业的转型发展情况，只有"龙头"企业与配套企业协同发展，构成一个完整的创新网络，才能推动整个行业乃至整个产业的转型升级。

第二节 产业转型升级的具体路径

纵观中国产业升级的4条基本路径可知，企业要进行转型升级，就必须在产业内或产业间进行必要的调整。针对中国产业升级的现状，本书整理出如下几种具体的产业转型升级路径。

一、产业链的提升

产业链包含了价值链、企业链、供需链和空间链四个维度。我们在进行跨产业升级时通常会涉及产业链的提升，尤其是价值链的提升问题。价值链的提升，将会促进产业的升级。具体看来，分为以下两种升级路径：将主导产业从传统的劳动力密集型产业逐步升级为资本密集型产业或技术密集型产业；或者是在保持主导产业不变的情况下，对产业内部的产业链重新进行整合，实现价值链的提升。[①] 如将以往以服装生产和加工为主的产业整合成以服装设计为主的产业，提升其附加值。具体来说，在第二产业的转型升级过程中，要努力提高产品的技术含量、生产工艺水平以及技术装备水平，等等；在第三产业转型升级过程中，要努力提高自身产品的附加值，大力培育产品设计研发、品牌营销的技术含量。

■ 二、加强创新投入——产品创新以及集群全面创新

一方面，产品的升级大多是通过产品和服务的创新得以实现的，据相关资料统计，进行技术创新的企业将会比没有进行技术创新的企业具有更高的创新力以及更高的创新成功率。我们要鼓励创新行为，大力引进创新人才，尽量将创新变成可预测和可持续的商业行为。需要注意的是，我们鼓励创新，但并不是不允许失败，毕竟在创新的过程中会有一定的失败率。另一方面，要进行产业集群全面创新，这部分创新包括企业内部的R&D 投入、非研发类的创新投入以及企业外部的知识投入等。[②] 非研发类的创新投入，包括新产品生产性准备投入、新产品投放市场前的试销投入以及相关人员技术配备和需求投入等，企业外部知识的投入包括用户和供应商参与产品的创新所进行的投入、"种子"资金、知识产权购买及技术并购费用投入等。在该部分创新的实践过程中，要积极地加快推进企业产、学、研合作，鼓励相关产业及其产业集群和大专院校、科研院所进行多层次、宽领域的合作，此外，还要致力于与国外的高水平科研机构合作，积极鼓励国际研究机构到中国落户；另外，要大力实施标准化战略：积极鼓励企业创造、使用相关的知识产权并对此加以保护；大力支持相关的产业和企业走出国门，到国外申请知识专利，推动相关的企业参与国际、国家级、行业级相关的行业标准以及技术标准规范的制定；积极地促进相关共性技术的扩散，通过企业、行业机构、地方政府相关机构三方共管，来推动共同解决共性技术的"瓶颈"问题，等等。

---

① 蔡宁，吴结兵. 产业集群与区域经济发展. 科学出版社，2007.
② 聂华林，鲁地编著. 现代区域经济学通论. 中国社会科学出版社，2009.

三、推进产品的开发以及工艺工序的升级改进

产品的开发是指，企业通过引进新的产品或是改进现有产品的效率，达到提高产品水平和种类的目的。通过产品开发，可以超越竞争对手、提高企业在该行业的口碑和地位。工艺工序的升级指的是，通过对产品价值链条中的某一环节或是某些环节的生产加工体系重组，或是通过引进新的生产技术来提升工艺流程的效率，达到超越企业竞争对手的目的。

四、实施支柱产业（"龙头"产业）和大项目带动战略

相关产业在进行集群和升级的过程中，由于企业的数量众多、发展情况不同等情况，必然会出现"龙头"企业以及聚集在"龙头"企业周围的小企业。它们在转型升级的过程中所起的作用必然也是不同的，若在产业升级的过程中想要依托于产业集群内部众多的小企业来实现相关产业的产业链升级和价值链的提升必然是缓慢且效率较低的。因此，我们在转型升级过程中需要依靠相关行业的"龙头"企业或支柱产业的带领，才能够实现相关产业的价值链和产业链的快速升级。在产业集群和转型升级过程中，积极吸纳支柱产业，积极培育行业"龙头"企业，通过"龙头"企业带动中小企业实现产业的转型和升级。

此外，需要积极实施相关行业的大项目带动战略。这里的大项目是指，涉及该行业内的一些大型项目，这些项目可能会涉及行业内的结构调整、技术升级等。我们要认真地去处理好产业的"存量"和"增量"关系。在发展过程中坚持淘汰落后产能，积极调整发展前景并不看好的产品。另外，对于那些存在于产业集群中的关联度相对较大、主业突出的、创新能力相对较强的、带动性非常好的支柱企业，我们要充分发挥其在产品辐射、技术示范以及网络销售中的带动作用。通过该支柱企业以及大项目来共同推进产业转型升级，培育拥有自主知识产权的行业领先企业，加快发展战略新兴产业，努力培育"龙头"产业。

五、加快产业公共服务平台的建设

产业公共服务平台通过利用产业孵化器的区域网络或者全国网络来进

一步发展和提高产业服务水平和产业层次。其具有增进产业信息沟通能力、提高产业融资能力、提供相关技术支持、开展人才培训、提供相关业务咨询、辅助创新创业等作用。推动公共服务平台的建设，是提升产业自主创新能力的重要保证和支撑。目前，国内外的三种公共服务平台发展模式，是政府支撑模式、产业园模式以及共享共建模式。我们可以通过三种不同的模式积极地强化创新平台建设，引导工业企业不断开展技术创新，提高企业掌握核心技术和知识产权的能力，努力实现由"中国制造"到"中国创造"的跨越。积极地建设相关的行业协会，充分发挥其引导作用，解决当前亟待解决的产品质量、技术咨询与研发、工业设计以及金融公共服务平台缺失等问题。通过三种不同模式的公共服务平台建设，进一步推动产业向着更好的方向发展，逐步实现产业的转型和升级。

六、坚持各方合作、集群绿色发展的道路

产、学、研的共同合作，必然会让相关产业的转型升级更为顺畅，另外，相关的政策推动也可以促进升级进程的加快。如京津冀一体化战略的实行，就可以使天津相关行业的发展借助北京和河北相关行业的力量得到更迅速的发展。此外，通过严格执行国家和各个省区市相关产业结构调整的指导目录，积极发展高附加值、高科技含量、高投资密度、低污染、低消耗的项目。推动企业绿色发展，向着环境节约型、资源友好型、生态环保型产业集群转变。

七、实施人才推动战略、培育品牌工程建设

要实现产业的结构优化和升级，需要加大高层次人才以及应用型人才的投入。在国家大力倡导"人才兴国"战略的基础上，企业自身要不断吸收新鲜的血液，引进高层次技术型人才和科技型人才，进一步完善相应的人才激励策略，达到有效地激励人才的目的；在此基础上，促进创新团队的建立和发展。在升级过程中，加大团队协作的作用，加大团队建设相关信息。此外，要为高层次人才解决自身的后顾之忧，使企业能够留住人才。在品牌工程建设方面，品牌作为企业的无形资产，可以体现出产品及其企业的核心价值观，是企业质量和信息的重要保证。大力实施品牌战

略，鼓励和引导企业创建自身的核心品牌，推动自身品牌形象和价值，积极探索品牌建设的新途径。此外，积极地构筑集群产业的质量调控体系，通过该体系来实现增强产品竞争力的目的。

八、推进政府对相关产业的规范和引导

各级政府要高度重视相关产业的规范，对产业转型升级的规划，起到积极的引导作用，结合本地产业的发展需要进行科学规划；同时，通过整合以及规范，对分散的产业布局进行合理优化，形成区域支柱产业集群。充分发挥智库、专家智囊团的作用；通过专家的建言献策形成纸质的资料，政府对其进行政策上的引导，加强产业集群内各类基础设施以及配套设施的建设。对产业基地建设，发展企业技术中心和企业（行业）研发中心，重点是技术攻关，吸引高科技人才，技术装备市场推广应用以及企业联合组建等各个方面进行重点扶植。此外，政府部门也要积极出台相关的实施细则，用于对重点培养的成长型企业进行技术改造，通过该政策来对企业进行支持、资助和奖励。对重点培育的企业技术改造项目，应该给予一定条件的财政资金方面的资助，评选最具成长性的科技企业，并对其进行相应奖励。促进这种企业向着高、精、尖的科技型企业方向发展，行业向着高附加值的产业集群方向优化和升级。

第三节　天津市产业转型升级的政策研究及对策建议

一、天津市产业转型升级的政策研究

随着"十二五"规划及京津冀一体化战略的发展和实施，天津市作为京津冀的重要的经济纽带，其进入了一个高速发展的状态。但是，和其他一些高速发展的地区进行比较，又会发现其发展速度相对缓慢，其中，一个重要的原因就是天津市的产业结构优化升级速度较慢，其产业转型升级过程中仍然面临着一些问题，本节通过协同理论、国家创新系统以及产业集群理论等基础理论进行梳理，在区域创新网络以及产业升级两大领域的

国内外研究成果基础上展开研究，发现工业化在任何一个国家的经济发展中都是十分重要的过程，也是该国走向现代化过程的核心环节。但是，工业化的发展往往伴随着一系列环境问题和社会问题，为了实现经济社会的可持续发展，就必须转变经济的发展方式，调整相应的产业结构。通过前文阐述可知，天津市在产业结构建设方面仍然存在着进一步优化的空间。总体来说，在优化过程中应该坚持产业间的转型升级（1m～2m～3m）和产业的升级（2m～2r 或 2s）相结合的路径进行升级。

具体说来，对于天津市的第一产业、第二产业中效率相对较低的产业，可以努力调整其产业结构，使得第一产业、第二产业向着第三产业转型升级，逐步将产业结构从"二三一"的发展模式转变为"三二一"的发展模式，不断优化各个产业内部的产业结构，实现经济的低碳发展。在自身产业内部进行升级时，也应该致力于对其产业链进行优化，将由传统的生产为主导，逐步变成以研发或营销为主导。

具体来看，可以包括以下四个方面：从企业改革的角度看，要对产业链进行提升；从企业跨组织联结网络角度看，应坚持走多方合作、集群发展的道路；从新兴产业的角度看，应加强投入创新；从网络和大数据下的跨界整合角度看，应加快相关服务平台的建设，实施人才推动战略，见图 7.2。

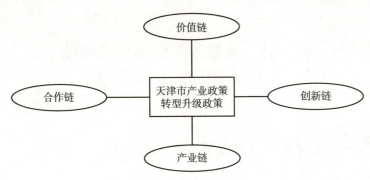

图 7.2　天津市产业政策转型升级

资料来源：作者绘制。

（一）企业改革的角度——产业链的升级

产业链的升级涉及诸多环节，我们将其分为三个主要环节：前端环节、中间环节以及后端环节。天津市在进行产业升级过程中，一方面，相关企业的产业链应该从边缘环节向核心环节拓展，这种拓展延伸可以通过企业技术提升来实现；另一方面，天津市政府应该加强对全市产业链的掌控能力。

向核心环节延伸拓展是指，在将产业链前端和中间环节的原材料生产、产品制造及组装环节企业向产品研发与设计、核心零部件制造、销售等核心环节进行拓展延伸，使其具有掌控核心环节的能力。产业链核心环节的企业由于掌握了整条产业链中的研发与设计能力等，就会具有较强的生命力和竞争力，在这种情况下不容易被其他企业替代。现阶段，中国许多企业仍然处于产业链的低端环节，可替代性较强，如掌握飞机制造业核心环节的国家是美国和法国、掌握汽车制造业核心环节的国家是德国和日本、掌握信息产业核心环节的国家是美国。因此，只有掌握产业链的核心环节，才能保证国家的经济具有强大的国际竞争力和生命力。此外，还需要掌握整个产品的产业链的脉络，即产品从零部件到最终到达消费者手中所经过的所有环节。这里所说的掌握整个产品产业链并不意味着要求整个环节都在同一个国家或地区进行，而是指在产业链的 R&D 环节、核心零部件、营销等核心环节应在中国企业内部完成，非核心部分可外包给其他国家，但本公司还应该对这些环节进行掌控。天津的产业链升级发展应该遵循以上两种产业链升级方法，提高自身行业的附加值，才能在竞争中脱颖而出，见图 7.3。

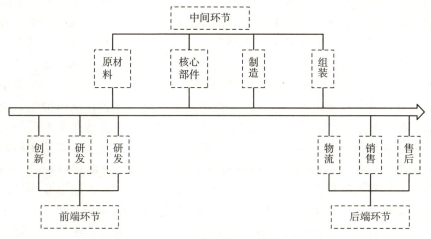

图 7.3　产业链核心环节

资料来源：张捷．《全球分工格局与产业结构的新变化》．经济科学出版社，2012.

另外，可以通过"龙头"企业来带动相关产业产业链的升级。处于中心位置的"龙头"企业带动该产业内其他大企业和相关配套的中小企业，共同对产业链进行升级改造，生产某种产品或成套设备。大型产业主要进行产品研发和设计、生产和销售，而中小企业通过为大型企业提供某些零部件及配件，或提供某些延伸服务，在相互交流过程中，促进自身的发展。天津市的"龙头"产业有锂电池、银河计算机等，通过"龙头"产业带动其他产业共同升级转型。

（二）网络与大数据下的跨界整合角度——提升产品的价值链

我们处在一个高速变化的时代，大数据、云计算、"互联网＋"等环境的出现使得生活发生了翻天覆地的变化，市场竞争的日益加剧也使得行业与行业之间、产业与产业之间相互渗透融合，从而催生了一种新的组合方式——跨界。跨界是指，原本毫不相干的元素或产品相互融合，使得品牌形成一种新的立体感和纵深感。通过跨界可以提升产品的价值链，进而推动相关产业的优化升级转型。

价值链依托于产业链而存在，在产业链中对不同环节进行生产经营的过程就是相应地创造附加价值的过程，这种创造的附加价值就是价值链。价值链的升级有两种方法：价值链数量的增加和价值链质量的改善，数量的增加是较低层面的价值链转型升级，质量的改善是较高层面的价值链转型升级。天津市的产业在进行转型升级过程中增加附加值质量才是关键。首先，将集群的主导产业从传统的劳动密集型产业逐步升级为技术密集型产业或资本密集型产业，要实现产业的升级，可以以工艺升级、产品升级和功能升级三个路径实现。从工艺角度上，要引进新的生产工艺、新的生产技术、新的流程，提高生产效率；从产品角度上，要改进老产品，推出新产品，提高产品的附加价值；从功能上，要使产品沿着"微笑曲线"的方向，向上游产品研发设计或是下游产品营销方向延伸价值链。其次，要在主导产业保持原有不发生根本性变动的情况下，对产业内部的产业链进行重新整合，即大力培育以设计、研发、营销和品牌经营为主要特征的生产性服务行业，在以制造业为核心的产业集群中，也要努力地提高产业内的装备技术水平、生产工艺水平，努力提高产品技术的含量，使天津市产业集群从劳动密集型产业向技术密集型产业或资本密集型产业发展。

（三）新型产业的发展角度——创新链

天津市在进行产业升级的过程中，相关的企业要注重新产品的开发，通过提升或引进新产品以及对原有产品进行改造升级提高产品的效率、档次以及品种，达到超越竞争对手的目的。要鼓励产品创新和功能升级，努力将创新变成可持续的商业行为，鼓励人才、善用人才，努力将知人善任做到广泛化和多样化。产业创新的过程中，要将原有的研发管理、生产管理以及营销管理进行整合，并在此基础上追加创新管理，整合研发、生产和营销三个职能，从而建立起相互联动的愿景和创意管理、研究和开发管理以及营销和扩散管理。

此外，天津市的相关企业在创新过程中应该积极构筑质量系统，大力实施品牌战略，积极引导和鼓励企业构建自主品牌，通过品牌来提升产业价值。支持企业通过自身核心技术的研发来改进产品的外观、包装、服务等各个方面，不断提升企业的品牌形象和品牌价值，积极探索自身品牌建设的新途径。

（四）企业跨组织联结网络角度——合作链

天津市的相关产业在转型升级过程中，要积极推进公共服务平台的建设，走合作发展的道路。任何一个企业的发展，都处于一定的复杂环境中，各种环境会对其有促进或者阻碍的作用，所以在转型升级过程中一定要走合作发展之路，通过产业集群进行发展。通过政府支撑模式、产业园模式以及共享共建模式与相关的企业进行合作，在此基础上建立行业协会，通过与行业协会以及相关企业的交流沟通、关系协调等手段，达到转型升级的目的。具体来说，天津市应该增加高科技含量或是高附加值产品的比重，进一步优化其产业结构，拓展新的发展空间，打破原有的传统的单一贸易发展方式。政府应该提供一个良好的产业环境，建立相应的政策和法规来推进企业跨组织的联接，对高新技术产业或者是小微产业之间的合作应该给予政策上或者是物质上的支持，借此达到吸引新企业进入的目的，最终形成合理的产业布局，而对原有的企业集群和产业集群，若是布局合理应给予一定程度上的鼓励，若是不合理的布局应该予以纠正，逐步优化产业布局。对于跨产业进行合理联接的企业不仅要给予支持，还要大力宣传，营造一个良好的产业布局，也为产业未来的发展提供一个良好的契机。相关的企业可以自行跨产业结合，形成如下商业情景：只要是能为我所用的技术或是服务，就要积极引入，当产业集群达到一定程度时，可以建立相应的产业园区，通过这种跨产业的合作形成的"跨界"，最后促进其自身健康合理的布局优化与发展。一旦这种产业园建成，形成的资源都可以被产业园内的企业共享，通过共享经济，能够提升自我发展，推动产业进步，优化产业布局。

在未来的发展过程中，天津既面临着京津冀协同发展、滨海新区继续开放的机遇，又面临着在"十三五"发展过程中，"一带一路"政策的大好契机，在这种情况下，天津借势借力发挥区位、港口、产业等各个方面的优势，进一步提高价值链的创造以及合作链和创新链的优化，必定可以成功转型，实现更快速发展。

■ 二、天津市产业结构转型升级的对策建议

随着"十二五规划"及京津冀一体化战略的发展和实施，天津市作为重要的经济纽带，也进入了一个高速发展的状态。但是，和其他一些高速发展的地区进行比较，又会发现其发展速度相对缓慢。其中，一个重要的原因，就是天津市的产业结构优化升级速度较慢，其产业转型升级过程中仍然面临着一些问题。工业化在任何一个国家的经济发展过程中都是十分重要的过程，也是国家走向现代化过程的核心环节。但是，工业化的发展，往往伴随着一系列的环境问题和社会问题，为了实现经济社会的可持续发展，就必须转变经济的发展方式，调整相应的产业结构。天津市的产业发展正从传统制造业向高新化产业转型升级，形成了包括新能源新材料业、装备制造业、石油化工业、国防科技业、轻工纺织业、航空航天业、生物医药业、电子信息业在内的八大优势支柱产业。本节将对天津市八大优势支柱产业进行转型升级实施路径的划分，并提出相应的转型升级对策建议。

天津市在产业结构建设方面，仍然存在着进一步的优化空间。总体来说，在优化过程中，应该坚持产业间的转型升级（1m～2m～3m）和产业的升级（2m～2r 或 2s）相结合的路径进行升级。对于天津市的第一产业、第二产业中效率相对较低的产业，可以努力调整其产业结构，使得第一产业、第二产业向着第三产业转型升级，逐步将产业结构从"二三一"的发展模式转变成"三二一"的发展模式，不断优化各个产业内部的产业结构，实现经济的低碳发展。在自身产业内部进行升级时，也应该致力于对

其产业链进行优化，将由传统的生产为主导，逐步变成以研发或营销为主导。具体看来可以包括以下四个方面：从企业跨组织联结网络角度，实现合作链的提升；从新型产业的发展角度，实现创新链的提升；从企业改革的角度，实现产业链的提升；从网络与大数据下的跨产业整合角度，实现价值链的提升，见图 7.4。

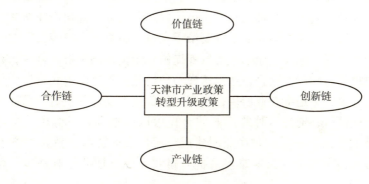

图 7.4　天津市产业政策转型升级

　　根据天津市优势支柱性产业的特征及天津市产业转型升级的政策，对各个优势支柱性产业提出相应的转型升级对策建议。基于郑健壮（2013）对于产业集群转型升级及其路径选择的研究模型，将天津市的八大优势支柱产业转型升级的实施路径进行探讨。郑健壮（2013）提出，产业转型升级包括四条基本路径，分别为产业间的转型升级、产业内的转型升级、产业的升级和跨产业升级。根据天津市八大优势支柱产业的特征，将八大优势支柱产业转型升级实现路径划分为：产业间的转型升级——新能源新材料业；产业内的转型升级——装备制造业、石油化工业、国防科技业；产业的升级——轻工纺织业、航空航天业、生物医药业；跨产业升级——电子信息业。天津市八大优势支柱产业转型升级的实现路径，具体如图 7.5 所示。

　　（一）通过产业间的转型升级提升合作链——新能源新材料业

　　从企业跨组织联结网络角度实现合作链的提升。天津市的相关产业在转型升级过程中要积极地推进公共服务平台的建设，走合作发展的道路。通过政府支撑模式、产业园模式以及共享共建模式来与相关的企业进行合作，在此基础上建立行业协会，通过与行业协会以及相关企业的交流沟通、关系协调等手段，达到转型升级的目的。具体来说，天津市应该增加高科技含量或是高附加值产品的比重，进一步优化其产业结构，拓展新的发展空间，打破原有传统的单一发展方式。天津市政府首先，应该为天津市提供一个良好的产业环境，建立相应的政策和法规来推进企业跨组织联接，对产业之间的合作给予政策上或者是资金上的支持，最终形成合理的产业布局，而对原有的企业集群和产业集群，若是布局合理应给予一定程度上的鼓励，若是不合理的布局应该予以纠正，逐步优化产业布局。对于跨产业进行合理联接的企业不仅要给予支持，还要大力宣传，营造一个良好的产业布局，也为产业未来的发展提供一个良好的契机。其次，相关的企业可以自行跨产业结合，达到这样一种情况：只要能为我所用的技术或服务，就要努力地唯企业所用，当产业集群达到一定程度时，可以建立相应的产业园区，通过这种跨产业的合作可以促进其自身健康、合理的布局优化和发展。一旦这种产业园建成，所形成的资源必然是在产业园内的企业可以共享，通过共享经济提升自我发展，推动产业进步、合理地优化布局。

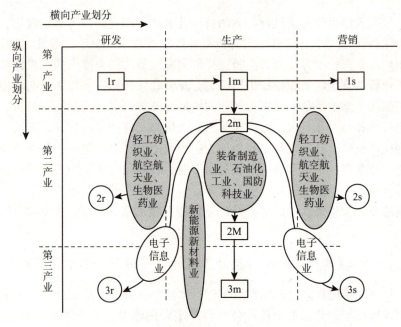

图7.5 天津市八大优势支柱产业转型升级的实现路径

资料来源：作者绘制。

根据天津市优势支柱性产业的特征及天津市产业转型升级的政策，新能源新材料业可采取产业间的转型升级进行合作链的提升。产业间的转型升级是指，产业从第一产业的制造环节向第二产业制造环节和第三产业制造环节的发展。产业间的转型升级包括，平稳渐进式转型升级和倾斜突进式转型升级两种形式。

新能源新材料业，包括新能源和新材料两个产业。新能源业包括，生物质能、光伏发电、风力发电、绿色电池等领域。新材料业包括，电子信息材料、纳米材料、先进复合材料、化工新材料、医学生物材料、新型功能材料、金属新材料领域。国家战略突出了新能源、新材料业向产业链高端发展的特征。在此国家战略导向的指引下，新能源、新材料业可实现平稳渐进式转型升级和倾斜突进式转型升级两种方式进行产业提升。产业间的转型升级，可以通过第二产业和第三产业制造环节的合作为依托来加速实现合作链的提升。第一，平稳渐进式转型升级。随着环境污染的日益加剧和能源的日渐枯竭，新能源新材料业应逐步向低污染、绿色化的方向发展，实现天津市新能源新材料业向第三产业的转型升级。当前，"新电改方案"为新能源业进入能源服务业提供了条件。"新电改方案"鼓励发电企业向用户直接供电，发电企业可以直接参与电力交易。此方案逐步将发电企业由发电主体向售电业务拓展。发电企业可以独立经营售电及配售电业务，为新能源业向第三产业的拓展提供了新的思路。在此过程中，发电企业可以尝试以合资的形式进入售电市场，将售电公司经营为一个独立的股权多元化的实体，通过合作产生价值。第二，倾斜突进式转型升级。对天津市新能源新材料业中的光伏发电、风力发电、绿色电池、纳米材料、先进复合材料等领域进行重点发展，关注重点领域的关键技术。将新能源行业中的重点领域与安装、分销和咨询等相关辅助服务业合作，实现天津市新能源新材料业的跨越式发展。

（二）通过产业内的转型升级提升创新链——装备制造业、石油化工业、国防科技业

从新型产业的发展角度实现创新链的提升。天津市在进行产业升级的过程中，相关的企业要注重新产品的开发，通过对原有产品进行改造升级提高产品的效率、档次以及品种来达到超越相关竞争对手的目的。要鼓励产品创新和功能升级，努力将创新变成可持续的商业行为，鼓励人才、善用人才，努力将知人善任做到广泛化和多样化。在产业创新的过程中，要

将原有的研发管理、生产管理以及营销管理进行"加、减、乘、除"的全方位整合，并在此基础上追加创新管理，整合研发、生产和营销三个职能，从而建立起相互联动的愿景和创意管理、研究和开发管理以及营销和扩散管理。

根据天津市优势支柱性产业的特征及天津市产业转型升级的政策，装备制造业、石油化工业和国防科技业可采取产业内的转型升级进行提升。产业内的转型升级是指，在同一产业、同一环节内部不同子产业之间的转型升级。产业内的转型升级包括"加、减、乘、除"四种方式，实现创新链的整合。

1. 装备制造业

装备制造业主要涉及十大成套装备、四大关键部件和重点配套产品领域。其中，十大成套装备包括农业机械、大型工程机械、石油石化装备、核电装备、造修船、港口机械、交通设备、超高压输变电装备、风力发电、水电装备。四大关键部件，包括传动系统、动力系统、控制系统和基础部件。重点配套产品包括特种原材料和大型铸锻件。基于装备制造业的发展现状，其主要发展目标是"集约化、绿色化、环保化、智能化"。迫于环境和资源的双重压力，应考虑将天津市的装备制造业建设为国家级的装备制造基地。当前，天津市的装备制造业主要面临产品结构低端和技术水平较低的局面。因而，应重点提升装备制造业的产品结构及技术创新水平，通过"加、减、乘、除"的方式实现天津市装备制造业的集成与融合。第一，"除法"和"减法"路径，在此路径上，装备制造业应减少附加值低和效率低下的环节，加快现有产能改造，提升企业的效率以实现产业的集约化、成套化与智能化发展。第二，"加法"路径，在此路径上，装备制造业还应增加专业化水平更高的自主数控品牌及精密化、智能化的大型企业。加快产品结构调整步伐，发展高附加值的产品及产业链的重组并购。实现装备制造业的大型化、成套化发展，建设一流的循环经济工业园区。第三，"乘法"路径。在此路径上，政府的支持作用尤为关键。通过天津市政府提倡节能减排、绿色环保文化的大力宣传及其营造出的良好文化氛围，天津市的装备制造业可在资源优化整合的基础上实现环保及创新目标的转型升级。天津市政府的政策支持，为装备制造业产业内的转型升级奠定了基础和条件。

2. 石油化工业

石油化工业主要涉及原油开采、炼油、储油、乙烯、乙烯下游产品领域。天津市由于地理位置优越、资源丰富，因而具有发展石油化工业的天然优势。天津市政府高度重视石油化工业的发展，将其作为重要的经济增长点。同时，京津冀协同发展、区域经济调整发展，以及中国石油化工业转型升级、世界石油化工业结构调整，也为天津市石油化工业的发展提供了机会。针对这样的现实背景，通过"加、减、乘、除"的方式实现天津市石油化工业的进一步转型升级。

第一，"除法"和"减法"路径。在此路径上，对于环境的关注，迫使石油化工业不得不考虑进行产业发展模式的转变。石油化工业对天津市的经济发展起到了至关重要的作用，是天津市经济发展的重要增长点。但不容忽视的是，石油化工业也对天津市的环境造成了威胁，环境污染愈发严重。从长远目标上看，绿色的可持续发展仍应是天津市石油化工业发展的关键。逐步将具有污染危害的生产制造环节淘汰，向绿色环保产业逐步转变。近些年来，天津市污染严重，出现重度雾霾天气。为应对这种情况，作为国家大型能源化工企业的天津石化曾经启动了重污染天气的应急方案。严格控制排放物的浓度，在国家标准的基础上再实施减排。燃用高热值原煤，减少燃煤用量，并停止了现场土方作业和煤焦场内翻倒。可见，天津市石油化工业的相关企业已经意识到环境保护的重要性，开始着手进行调整。

第二，"加法"路径，在此路径上，通过增加相关新产业使天津市石油化工业逐步完善，发展成为品种齐全、结构完善的石油化工产业链。在现有石油化工产业链的基础上，进一步加大聚酯化纤、树脂、塑料等化工产品的发展，实现天津市石油化工业向成型产品和精细化工方向的拓展。

第三，"乘法"路径，在此路径上，国家的政策支持为天津市石油化工业的发展提供了基础和条件。国家在全国炼油和乙烯的发展规划中，将天津市确定为重点支持发展的战略储备基地和国家级石化产业基地，为天津市石油化工业的发展提供了重要的政策保障。

3. 国防科技业

国防科技业主要涉及长征五号、长征七号两型火箭的总装及研制生产。国防科技业建设，主要面临建设重复和"摊子"过大的问题。因而，要实现国防科技业的转型升级，必须关注"剥离"和"扶强"两个方面。这两个方面可以通过产业内的转型升级实现。

第一，"除法"和"减法"路径。在此路径上，实现国防科技业的"剥离"，对天津市国防科技业的结构进行调整，消除国防科技产业链上的多余生产力，考虑将部分军工企业转为民品生产企业，提高国防科技产业链的附加值。

第二，"加法"路径，在此路径上实现国防科技业的"扶强"。进一步培育优势军工企业，大力扶持军工科研机构的发展。通过各国防科技研究机构的合作开发，提升军工科研机构的技术创新及系统集成能力。

第三，"乘法"路径，政府的经费投入与政策扶持对天津市国防科技业的发展至关重要。通过政府营造的产学研相结合的氛围，实现天津市国防科技业的多样化发展。建立国防科技工业园区，实现军民两用技术创新能力的提升。同时，通过一定的政策优惠，如贷款担保等为军转民的企业提供便利，实现产业链的优化。

（三）通过产业的升级提升产业链——轻工纺织业、航空航天业、生物医药业

从企业改革的角度，实现产业链的提升。产业链的升级涉及诸多环节，将其分为三个主要环节：前端环节、中间环节以及后端环节。天津市在进行产业升级过程中，一方面，相关企业的产业链应该从边缘环节向核心环节拓展，这种拓展延伸可以通过企业对自身的技术来实现；另一方面，对天津市来说，政府应该增强自身对全市产业链的掌控能力。向核心环节延伸拓展是指，将产业链前端环节和中间环节的原材料生产、产品制造及组装环节企业向着产品研发与设计、核心零部件制造、销售等核心环节进行拓展延伸，使其具有掌控核心环节的能力。产业链核心环节的企业由于掌握了整条产业链中的研发能力与设计能力等，就会具有较强的生命力和竞争力，在这种情况下不容易被其他企业替代。现阶段，许多企业仍然处于产业链的低端环节。只有掌握了产业链的核心环节，才能够保证国家的经济具有强大的国际竞争力和生命力。此外，还需要掌握整个产品产业链的脉络，即产品从零部件到最终到达消费者手中所经过的所有环节。这里所说的掌握整个产品产业链并不是意味着要求整个环节都在同一个国家或地区进行，而是指产业链的 R&D 环节、核心零部件、营销等核心环节应囊括在中国企业内部，非核心部分可外包给其他国家，但本公司还应该对这些环节进行掌控。天津市的产业链升级发展应该遵循以上两种产业链升级方法，提高自身行业的附加值，才能在竞争中脱颖而出。

根据天津市优势支柱性产业的特征及天津市产业转型升级的政策，轻工纺织业、航空航天业、生物医药业可采取产业的升级进行提升。产业的

升级是指，产业从以制造为主导转变为以研发或营销为主导。在升级的过程中，尝试将产业链向上、下游拓展。

1. 轻工纺织业

轻工纺织业主要涉及精细化工及日用化学、塑料、工艺美术、家电、食品、自行车、服装纺织、手表及精密机械、造纸及包装领域。轻工纺织业可以实现向上、下游产业链的拓展。实现生产制造与研发设计、品牌塑造及与销售的对接。努力研发兼具时尚性与功能性的产品，并将轻工纺织业的生产制造与时尚创意设计等工业、服务业进行合作融合。实现轻工纺织业向上下游产业链的发展，打造集设计、生产、销售于一体的时尚创意产业园。同时，轻工纺织业应与相关的大中专院校、科研院所等机构开展积极合作，注重产业链与价值链的增值。天津开发区与几所大学签署合作协议，具有学科优势的科研机构与企业通过人才与产学研资源的协同合作，实现科研机构研究成果向企业的转移。凭借建设科技成果产业基地等方式，实现科技成果的快速、有效转化。此外，还可整合高校等相关科研机构的优势资源，为轻工纺织业的创新及创业提供支持保障。如向企业开放高校等相关科研机构的实验室、实验仪器，由科研机构为轻工纺织业的技术需求提供解决方案等。

2. 航空航天业

航空航天业主要涉及通信卫星及应用、新一代火箭、直升机、大飞机、配套零部件领域。天津市在波音、空客等项目推进的基础上，积极开发航空航天业的周边业务，实现产业链上下游的产业联系。要完善航空航天产业链，就必须将研发、生产制造及相关的配套服务业进行有效整合。向产业链上游研发、设计环节转移的同时，向产业链下游拓展包括机场及空管、租赁、物流、培训、商业服务在内的综合性航空航天配套服务业。同时，航空航天业与科研机构的合作应更加密切，加快实现航空航天业创新成果转化的步伐。

3. 生物医药业

生物医药业主要涉及保健品、生物技术制品、化学制药、现代中药、医疗器械领域。天津市的生物医药业，目前已经形成了具有较强实力的企业群。实现天津市生物医药业的升级，可尝试向相关的新业务领域进行多元化拓展。在互联网快速发展的大趋势下，逐步将天津市生物医药业向"电子商务"和"大健康"方向拓展。其中，"大健康"产业包括，健康产品的生产制造、健康产品的信息传播及服务等，涉及医药保健产品、保健器材、保健服务及健康咨询等方面。通过产业链上的拓展，实现研发、生产制造、线上交易、商贸物流、服务中心、服务外包等多种业态的整合。向生物医药产业链上游拓展，实现创新技术能力的提升，努力构造高级别的生物医药研发平台。积极与国际先进企业进行技术合作，通过项目合作实现与国际先进生物医药技术的对接。开发科技含量高、具有自主知识产权的创新产品。向产业链下游拓展，加强生物医药业的品牌塑造。在进一步巩固优势品牌的基础上，进行生物医药品牌的市场拓展，培育生物医药业的"拳头"品牌。

（四）通过跨产业升级提升价值链——电子信息业

从网络与大数据下的跨产业整合角度，实现价值链的提升。当前，全球处在一个高速变化的时代，大数据、云计算、"互联网＋"等环境的出现使生活发生了翻天覆地的变化，市场竞争的日益加剧也使得行业与行业之间、产业与产业之间相互渗透融合，从而催生了一种新的组合方式——跨产业。通过跨产业可以提升产品的价值链，进而推动相关产业的优化升级转型。价值链依托于产业链而存在，在产业链中对不同环节进行生产经营的过程就是相应的创造附加价值的过程，这种创造的附加价值就是价值链。价值链的升级有两种升级方法：价值链数量的增加和价值链质量的改善，数量的增加是较低层面的价值链转型升级，质量的改善是较高层面的价值链的转型升级。天津市的产业在进行转型升级过程中改善附加值质量是关键。首先，将集群的主导产业从传统的劳动密集型产业逐步升级为技术密集型产业或资本密集型产业，要实现产业的升级可以从工艺升级、产品升级和功能升级三个路径发展。从工艺角度上，要引进新的生产工艺、新的生产技术、新的流程，提高生产效率；从产品角度上，要改进老产品、推出新产品，提高产品的附加价值；从功能上，要使产品沿着"微笑曲线"的方向向上游产品研发设计或是下游产品营销方向延伸价值链。其次，要在主导产业没有根本性变动的情况下，对产业内部的产业链进行重新整合，即大力培育以设计、研发、营销和品牌经营为主要特征的生产性服务行业。在以制造业为核心的产业集群中也要努力提高产业内的装备技术水平、生产工艺水平，努力提高产品技术含量，使天津市产业集群从劳动密集型产业向技术密集型产业或资本密集型产业发展。

根据天津市优势支柱性产业的特征及天津市产业转型升级的政策，电子信息业可采取跨产业升级的方式进行提升，跨产业升级包含转型和升级双重概念。实现转型升级有多种途径可供选择，包括同时进行转型和升级、先转型再升级、先升级再转型三种途径。在转型升级过程中，可能遇到诸多难题，这就需要政府的政策支持以及同行业企业之间的协同配合。只有形成了相互配合的协同网络，才能实现整条产业链的跨产业升级。

电子信息业主要涉及的领域，包括移动通信、高性能计算机、光电子、嵌入式电子、集成电路、数字视听、信息安全、电子关键元器件、物联网领域。当前，电子信息业面临再创业的机遇。随着网络信息的快速发展，天津市电子信息业的跨产业升级成为必然的发展趋势。高性能计算机、信息安全、物联网是当前发展的战略性新兴产业，成为电子信息业转型升级的重点。尤其对于物联网而言，天津市企业数量众多，为物联网的发展提供了良好的基础与条件。通过建设物联网产业园区等方式，吸引了更多国内外知名企业来天津市投资，进一步带动物联网的跨越式发展。因此，应针对电子信息业中的战略性新兴产业进行重点发展，形成创新网络，并最终通过战略性新兴产业推动天津市电子信息业的整体跨产业升级。

参 考 文 献

［1］［美］W. W. 罗斯托著. 经济成长阶段. 国际关系研究说编辑室译. 商务印书馆, 1962.

［2］［美］奥利弗·威廉姆森, 斯科特·马斯滕编. 交易成本经济学经典名篇选读: 经典名篇选读. 李自杰, 蔡铭等译. 人民出版社, 2008.

［3］［美］A. O. 赫希曼. 经济发展战略. 经济科学出版社, 1991.

［4］［美］Commons, J. R. 著. 制度经济学. 于树生译. 商务印书馆, 1934~1962.

［5］［美］G. 多西等. 技术进步与经济理论. 钟学义等译. 经济科学出版社, 1992.

［6］［美］H. 钱纳里, S. 鲁宾逊, ［以］M. 赛尔昆. 工业化和经济增长的比较研究. 吴奇等译. 上海三联书店, 1989.

［7］［美］James M. Utterback 著. 把握创新. 高建译. 清华大学出版社, 1999.

［8］［美］奥利弗·E. 威廉姆森著. 治理机制. 石烁译. 机械工业出版社, 2016.

［9］［美］道格拉斯·C. 诺思, 韦森著. 制度、制度变迁与经济绩效. 陈昕, 杭行译. 上海人民出版社, 2014.

［10］［美］道格拉斯·C. 诺斯, 罗伯特·托马斯著. 西方世界的兴起. 厉以平, 蔡磊译. 华夏出版社, 2015.

［11］［美］哈罗德·德姆塞茨. 关于产权的理论. 转引自罗卫东主编《经济学基础文献选读》, 浙江大学出版社, 2007.

［12］［美］霍利斯·钱纳里, 莫伊思·赛尔昆著. 发展的型式: 1950~1970. 李新华等译. 经济科学出版社, 1988.

［13］［美］理查德·R. 尼尔森著. 国家 (地区) 创新体系比较分析. 刘小玲等译. 知识产权出版社, 2012.

［14］［美］威廉·J. 鲍莫尔, 艾伦·S. 布林德著. 经济学原理与政

策．方齐云，姚遂译．北京大学出版社，2006.

［15］［美］西蒙·库兹涅茨．各国的经济增长．常勋等译．商务印书馆，1999.

［16］［美］约瑟夫·阿洛斯·熊彼特著．经济发展理论．郭武军，吕阳译．华夏出版社，2015.

［17］［美］约瑟夫·阿洛斯·熊彼特著．经济周期循环论．叶华译．中国长安出版社，2009.

［18］［美］约瑟夫·熊彼特著．资本主义、社会主义与民主．吴良健译．商务印书馆，1999.

［19］［英］阿尔弗雷德·马歇尔著．经济学原理．宇琦译．湖南文艺出版社，2012.

［20］［英］弗里曼著．技术政策与经济绩效：日本国家创新系统的经验．张宇轩译．东南大学出版社，2008.

［21］［英］罗纳德·H. 科斯．社会成本问题．载科斯、诺思等：《财产权利与制度变迁—产权学派与新制度学派译文集》上篇，胡庄君等译．格致出版社，2014.

［22］［英］威廉·配第著．政治算术．陈冬野译．商务印书馆，2014.

［23］［英］亚当·斯密著．国富论．郭大力，王亚南译．译林出版社，2011.

［24］A. C. 庇古著．福利经济学．朱泱，张胜纪，吴良建译．商务印书馆，2006.

［25］M. 卡斯特尔，P. 霍尔．世界的高技术园区．北京理工大学出版社，1998.

［26］彼得·圣吉著．第五项修炼：学习型组织的艺术与实务．郭敬隆译．中国人民大学出版社，1994.

［27］蔡宁，吴结兵著．产业集群与区域经济发展．科学出版社，2007.

［28］陈丹宇．基于效率的"长三角"区域创新网络形成机理．经济地理，2007（3）：370－374.

［29］陈丹宇．区域创新系统研究的回顾与评述．科技进步与对策，2007（8）：205－210.

［30］陈鹏，曹小衡．台湾经济波动与产业结构变动的实证研究：

1961～2008.国际经贸探索，2009（11）：59－63.

［31］陈效兰，吴瑕.技术创新——产业结构演变的根本原因.理论月刊，2003（12）：84－85.

［32］陈新跃，杨德礼，董一哲.企业创新网络的联结机制研究.研究与发展管理，2002，14（6）：26－30.

［33］冯迪凡.德国模式——穿越经济危机.第一财经日报，2012－10－11.

［34］冯艳丽.略论全球价值链外包体系与中国产业升级的动态关系.经济问题，2009（7）：27－29.

［35］付淳宇.区域创新系统理论研究.吉林大学士学位论文，2015.

［36］傅利平，郑祖婷，刘一方.引进式技术跨越与区域内产业技术创新能力研究——以天津市主导产业为例.经济科学出版社，2015.

［37］傅首清.区域创新网络与科技产业生态环境互动机制研究——以中关村海淀科技园区为例.管理世界，2010（6）：8－13.

［38］盖文启，创新网络.区域经济发展新思维.北京大学出版社，2002.

［39］高勇，钱省三，李平，高峰.区域创新网络形成的机理研究.科技管理研究，2006（5）：166－168.

［40］韩大卫，程海琼.协同对策在官产学联合模式下利益分配研究.科学学与科学技术管理，2002（10）：13－15.

［41］韩永文.产业政策必须引入竞争——德国产业结构变化评判.中国软科学，1996（8）：21－25.

［42］霍利斯.钱纳里，李新华.发展的型式1959～1970.经济科学出版社，1988.

［43］贾亚男.关于区域创新环境的理论初探.地域研究与开发，2001（1）：5－8.

［44］蒋同明，刘士庆.基于自组织理论的区域创新网络演化研究.科技管理研究，2011（7）：23－26.

［45］蒋昭侠著.产业结构问题研究.中国经济出版社，2005.

［46］金京，戴翔，张二震.全球要素分工背景下的中国产业转型升级.中国工业经济，2013（11）：57－69.

［47］李朝辉.日美欧亚洲机械产业的国际竞争力现状.中国贸易救济2013（8）：15－17.

[48] 李春生. 我国产业结构演进与城市化协调发展研究. 首都经济贸易大学士学位论文, 2016.

[49] 李江帆, 曾国军. 中国第三产业内部结构升级趋势分析. 中国工业经济, 2003 (3): 34 - 39.

[50] 李娟, 万璐, 唐珮菡. 产业转型升级、贸易开放与中国劳动市场波动. 中国人口·资源与环境, 2014 (1): 140 - 147.

[51] 厉无畏, 王玉梅. 价值链的分解与整合——提升企业竞争力的战略措施. 经济管理, 2001 (3): 10 - 11.

[52] 梁琦. 外部性与集聚: 一个文献综述. 世界经济, 2007 (2): 84 - 96.

[53] 林叶, 孙伟化. 中国经济增长论. 黑龙江人民出版社, 1991.

[54] 刘东水. 全面提高天津开放型经济水平的研究. 天津商务职业学院学报, 2013, 1 (3): 5 - 8.

[55] 刘健. 论中国产业结构升级. 中共中央党校士学位论文, 1999.

[56] 刘英基, 杜传忠, 刘忠京. 走向新常态的新兴经济体产业转型升级路径分析. 经济体制改革, 2015 (1): 117 - 121.

[57] 刘永焕. 德国产业结构调整及其经验借鉴. 对外经贸实务, 2014 (1): 32 - 34.

[58] 刘友芝. 论负的外部性内在化的一般途径. 经济评论, 2001 (3): 7 - 10.

[59] 刘哲明. 产业集聚过度、技术创新与产业升级——基于珠江三角产业集群的研究. 特区经济, 2010 (8): 42 - 47.

[60] 隆国强. 全球化背景下的产业升级新战略——基于全球生产价值链的分析. 国际贸易, 2007 (7): 27 - 34.

[61] 卢福财. 胡平波. 网络租金及其形成机理分析. 中国工业经济, 2006 (6): 84 - 90.

[62] 卢中原. 京津冀协同发展背景下天津产业发展方向和难点. 天津师范大学学报 (社会科学版), 2014 (5): 2 - 4.

[63] 罗兰 - 贝格. 世界经济与德国模式是演讲. 2013 (9): http: //news. hexun. com/2011 - 03 - 29/128331120. html.

[64] 罗利元, 陈义龙, 张丰超. 网络是创新的有效载体——中关村区域创新网络分析. 未来与发展, 1999 (2): 7 - 9.

[65] 马小强. 产业结构转型升级对就业结构及收入分配的影响研究.

上海社会科学院士学位论文，2016.

[66] 倪鹤，周桂荣．天津产业结构升级测度评析与路径选择．经济视角，2013（9）：86-88.

[67] 聂华林，高新才．欠发达地区区域经济发展的产业扩张与区域突破．甘肃社会科学，1999（6）：15-16.

[68] 聂华林，鲁地编著．现代区域经济学通论．中国社会科学出版社，2009.

[69] 牛桂敏．基于低碳经济的天津产业结构调整战略．城市环境与城市生态，2011（4）：43-46.

[70] 潘利．链网互动理论：产业集群升级的新视角．华东经济管理，2007（7）：55-61.

[71] 荣飞，李荣平．区域技术创新环境评价研究．河北大学学报（哲学社会科学版），2005（3）：87-91.

[72] 芮明杰．产业经济学．第2版．上海财经大学出版社，2012.

[73] 宋璐航．京津冀一体化背景下天津产业发展问题研究．天津经济，2014（9）：9-11.

[74] 苏东水．产业经济学．高等教育出版社，2015.

[75] 孙鳌，郎贵飞．企业竞争力的一个经济的和系统的分析框架．贵州大学学报，2004（3）：35-39.

[76] 孙宝强．产业升级理论研究中的争论与反思．天津商业大学学报，2011，31（4）：56-62.

[77] 孙军．需求因素、技术创新与产业结构演变．南开经济研究，2008（5）：58-70.

[78] 孙蕊．天津市产业结构现状与发展趋势展望．产业与科技论坛，2015（18）：24-25.

[79] 孙自铎．结构调整思路：由产业升级转向产品、技术升级．江淮论坛，2003（3）：39-44.

[80] 唐晓云．产业升级：转移、深化还是其他——选择路径的一个技术视角．开发研究，2010，146（1）：37-43.

[81] 汪少华，汪佳蕾．浙江产业集群高级化演进与区域创新网络研究．科学学研究，2007（6）：1244-1248.

[82] 王德禄，张丰超．关于区域创新问题的若干思考．经济研究参考，2000（49）：7-23.

[83] 王缉慈，王敬甯．中国产业集群研究中的概念性问题．世界地理研究，2007（4）：89－97．

[84] 王缉慈．创新的空间——企业集群与区域发展．北京大学出版社，2001：117－125．

[85] 王辑慈．别树一帜的国家竞争优势理论．管理世界，1992（1）：219－220．

[86] 王子龙，谭清美．区域创新网络知识溢出效应研究．科学管理研究，2004（5）：84－90．

[87] 吴辉．区域创新环境对创新型产业的作用机制探析．经营管理者，2009（9）：47－48．

[88] 吴敬琏．制度重于技术——论发展我国高新技术产业．经济社会体制比较，1999（5）：1－6．

[89] 西蒙·库兹涅茨著，常勋等译，石景云校．汉译世界学术名著丛书·各国的经济增长：总产值和生产结构．商务印书馆，1999．

[90] 徐明华，李红伟，陈倩倩．不同时代背景下成功创业者的个人特征研究——以近年来我国成功民营企业家为例．中共浙江省委党校学报，2010（3）：66－71．

[91] 薛继亮．技术选择与产业结构转型升级．产业经济研究，2013（6）：29－37．

[92] 严北战．外部性、租金与集群式产业链内在演化机理．科学学研究，2011，29（4）：541－547．

[93] 严红．区域创新网络理论与成渝经济区创新网络建设研究．西南财经大学博士学位论文，2008．

[94] 杨公朴，夏大慰，龚仰军．产业经济学教程（第3版）．上海财大出版社，2008．

[95] 杨国庚，杨奇．产业结构优化升级研究理论综述．全国商情（经济理论研究），2009（9）：7－9．

[96] 占小军．基于知识溢出的产业集群升级研究．科技管理研究，2009（12）：346－348．

[97] 张桂文，孙亚南．人力资本与产业结构演进耦合关系的实证研究．中国人口科学，2014（6）：96－106．

[98] 张国强，温军，汤向俊．中国人力资本、人力资本结构与产业结构升级．中国人口·资源与环境，2011（10）：138－146．

［99］张宏军．西方外部性理论研究述评．西方外部性理论研究述评，2006（12）：84－90．

［100］张辉著．全球价值链下地方产业集群转型和升级．经济科学出版社，2006．

［101］张捷．全球分工格局与产业结构的新变化——兼论中国沿海地区的产业转型升级．经济科学出版社，2012．

［102］张明．产业升级与经济增长理论研究．山西财经大学士学位论文，2013．

［103］张其仔．比较优势的演化与中国产业升级路径的选择．中国工业经济，2008（9）：58－68．

［104］张伟峰，万威武．企业创新网络的构建动因与模式研究．研究与发展管理，2004（3）：62－68．

［105］张五常．经济解释．商务印书馆，2000．

［106］张雄．新疆金融结构与经济增长关系的实证研究．新疆财经大学士学位论文，2009．

［107］张耀辉．产业创新：新经济下的产业升级模式．数量经济技术经济研究，2002（1）：14－17．

［108］张玉明，刘德胜．中小型科技企业成长的外部环境因素模型研究．山东大学学报（哲学社会科学版），2009（3）：45－51．

［109］喆儒．产业升级开放条件下中国的政策选择．中国经济出版社，2006．

［110］郑健壮．基于资源整合理论的制造业集群竞争力的研究．浙江大学士学位论文，2005．

［111］周立军．区域创新网络的结构与创新能力研究——基于知识、学习和社会资本的视角．南开大学士学位论文，2009．

［112］周振华．论产业结构分析的基本理论框架．中国经济问题，1990（1）：1－8．

［113］朱凌．中国区域间的创新合作网络．浙江大学出版社，2014．

［114］诸葛剑平．人力资本结构优化与浙江经济转型升级．浙江树人大学学报（人文社会科学版），2010（2）：61－64．

［115］Asheim B. T. , Coenen L . Knowledge Bases and Regional Innovation Systems: Comparing Nordic Clusters. Research Policy, 2005, 34（8）: 1173－1190.

［116］ Erkko Autio. Evaluation of RTD in Regional Systems of Innovation. European Planning Studies, 1998, 6 (2): 131 – 140.

［117］ Barney J. Firm Resources and Sustained Competitive Advantage. Journal of Management: Official Journal of the Southern Management Association, 1991, 17 (1): 3 – 10.

［118］ Roberta Capello. Spatial TranBer of Knowledge in High Technology Milieux: Learning Versus Collective Learning Processes. Regional Studies, 1999, 33 (4): 353 – 365.

［119］ Clark C. The Conditions of Economic Progress. The conditions of economic progress, Macmillan, 1951.

［120］ Coase R. H. The Problem of Social Cost. Journal of Law and Economics, 1960 (3): 1 – 44.

［121］ Coleman J. S. Social Capital in the Creation of Human Capital. American Journal of Sociology, 1988 (94): 95 – 120.

［122］ Cooke P. , Boekholt P. & Tödtling F. The governance of innovation in Europe: regional perspectives on global competitiveness. Pinter, 2012.

［123］ Philip Cooke, Gerd Schienstock. Structural Competitiveness and Learning Regions. Enterprise & Innovation Management Studies, 2000, 1 (3): 265 – 280.

［124］ Devereux M. P. , Griffith R. & Simpson H. Firm Location Decisions, Regional Grants and Agglomeration Externalities. Journal of Public Economics, 2007, 91 (3 – 4): 413 – 435.

［125］ Dieter Ernst. Catching – Up, Crisis and Industrial Upgrading, Evolutionary Aspects of Technological Learning in Korea's Electronics Industry. Asia Pacific Journal of Management. 1998, 15 (2): 247 – 283.

［126］ Dixit A. K. , Stiglitz J. E. Monopolistic Competition and Optimum Product Diversity. American Economic Review, 1975, 67 (3): 297 – 308.

［127］ Douglass North, Lance Davis. Institutional Change and American Economic Growth: A first Step Towards a Theory of Institutional Innovation. The Jorunal of Economic History, 1970, 30 (1): 131 – 149.

［128］ Doz Y. L. , Olk P. M. & Ring P. S. Formation Processes of R&D Consortia: Which Path to Take? Where Does it Lead? Strategic Management Journal, 2000, 21 (3): 239 – 266.

［129］ Dyer J. H. , Nobeoka K. Creating and Managing a High-performance Knowledge-sharing Network: The Toyota Case. Strategic Management Journal, 2002, 21（3）: 345 – 367.

［130］ Emst D. Global production Networks in East Asia's Electronics Industry and Grading Prospects in Milaysia. Global Production Networking and Technological Change in East Asia, 2004: 89 – 157.

［131］ Fisher A. G. B. The Clash of Progress and Security. Macmillan, 1935.

［132］ Freeman C. Technology Policy and Economic Performance: Lessons from Japan. London: Pinter, 1987: 1 – 124.

［133］ Fuchs T. Industry Structure and Productivity Growth: Panel Data Evidence for Germany from 1971 ~ 2000. Ifo Working Paper, 2005.

［134］ Gereffi G. International trade and industrial upgrading in the apparel commodity chain, 1999, 48（1）: 37 – 70.

［135］ Glaeser E. L. , Kallal H. D. , Scheinkman J. A. & Shleifer A Growth in cities. The Journal of Political Economy, 1992, 100（6）: 1126 – 1152.

［136］ Grabher G. The Embedded Firms: On the Social-economics of Industrial Networks. London: Rout ledge, 1993: 127 – 136.

［137］ Granovetter M. S. Economic action and social structure: the problem of embeddedness. American Journal of Sociology, 1985（91 – 3）: 481 – 510.

［138］ Gregory P. R. Normal Comparisons of Industrial Sructures in East and West Germany. Review of World Econmics, 1970, 104（2）: 325 – 332.

［139］ Griliches Z. The Search for R & D Spillovers. Scandinavian Journal of Economics, 1998, 94（94）: 29 – 47.

［140］ Henderson V. , Kuncoro A. & Turner M. Industrial Development in Cities. Journal of Political Economy, 1995, 103（5）: 1067 – 1090.

［141］ Humphrey J. , Schmitz H. How Does Insertion in Global Value Chains Affect Upgrading in Industrial Cluster. Regional Studies, 2002, 9（36）: 378 – 398.

［142］ Jacobs J. The economy of cities. The economy of cities. Random House, 1969: 1018 – 1020.

［143］ Akamatsu K. A Historical Patern of Economic Growth in Developing

Countries. The Developing Economies, 1962 (1) (Supplement): 3 – 25.

[144] Kamien M. I. , N. L. Schwartz. Market Structure, Elasticity of Demand and Incetive to Invent. Journal of Law and Economic, 1970, 13 (1): 241 – 252.

[145] Kamien M. I. , N. L. Schwartz. On the Degree of Rivalry of Maximm Innovative Activity. Quarterly Journal of Economics, 1976, 90 (2): 245 – 260.

[146] Kamien M. I. , N. L. Schwartz. Patent Life and R & D Rivalry. American Economic Review, 1974, 64 (1): 183 – 187.

[147] Kamien M. I. , N. L. Schwartz. Timing of Innovations under Rivalry. Econometrica, 1972, 40 (1): 43 – 60.

[148] Kamien M. I. , N. L. Schwartz. Self-financing of and R&D Project. American Economic Review, 1978a, 68 (3): 252 – 261.

[149] R. Kaplinsky. Globalisation and Unequalisation: What Can Be Learned from Value Chain Analysis? . The Journal of Development Studies, 2000, 37 (2): 117 – 146.

[150] Kogut B. Designing Global Strategies: Comparative and Competitive Value-added Chains. Sloan Management Review, 1985, 26 (4): 27 – 38.

[151] Georg Koopmann. German Foreign Economic Policy in the Age of Globalisation. International Spectator, 1998, 33 (1): 79 – 99.

[152] Lin N. , Dumin M. Access to occupations through social ties. Social Networks, 1986, 8 (4): 365 – 385.

[153] Lind E. A. , Tyler T. R. The Social Psychology of Procedural Justice. Springer US, 1988.

[154] Malecki E. J. Technology & Economic Development: The Dynamic of local, Regional and National Competitiveness. Addison Wesley Longman Limited, 1997 (11): 78 – 85.

[155] Markusen A. Sticky Places in Slippery Space: A Typology of Industrial Districts. Economic Geography, 1996, 72 (3): 293 – 313.

[156] Marshall A. Principle of Economics (2ed). London: Macmillan, 1891.

[157] Mcmillan M. , Rodrik D. Globalization, Structural Change and Productivity Growth. Social Science Electronic Publishing, 2011.

[158] Meade J. E. The Theory of Economic Externalities: The Control of Environmental Pollution and Similar Social Costs. Journal of Polymer Science Polymer Letters Edition, 1973, 21 (21): 487 – 494.

[159] Mensch G. Stalemate in Technology. Cambridge, Ballinger, 1979.

[160] Michael Fritsch, Martina Kauffeld – Monz. The Impact of Network Structure on Knowledge TranBer: An Application of Social Network Analysis in the Context of Regional Innovation Networks. Annual Report Science (2010) 44: 21 – 38.

[161] Miller G. J. Debt Management Networks. Public Administration Review, 1993, 53 (1): 50.

[162] Princeton University Press. Complex Adaptive Systems: An Introduction to Computational Models of Social Life. Journal of Statistical Physics, 2007, 129 (2): 409 – 410.

[163] Paul Benneworth, Lars Coenen & Jerker Moodysson, et al. Exploring the Multiple Roles of Lund University in Strengthening Scania's Regional Innovation System: Towards Institutional Learning? . European Planning Studies, 2009, 17 (11): 1645 – 1664.

[164] Krugman P. R. , Obstfeld M. International Economics: Theory and Policy. Pearson, 1994, 47 (4): 281 – 282.

[165] Piore M. J. , Sabel C. F. The second industrial divides. New York: Basic Books, 1984.

[166] Poon T. Shuk – Chincl. Beyond the Global Production Networks: A Case of Further Upgrading of Taiwan's Information Technology Industry. International Journal of Technology and Globalisation, 2004, 1 (1): 130 – 144.

[167] Porter M. E. The Competitive Advantage of Nations. New York, The Free Press. Competitive Intelligence Review, 1990, 1 (1): 427.

[168] Porter M. E. Clusters and New Economics of Competition. Harvard Business Review, 1998 (11): 77 – 90.

[169] R. Camagini. Innovation Network: Spatial Perspectives. London: Belhaven Press, 1991.

[170] Global Virtual Teams: Integrating Models of Trust: Organisational Virtualness, Proceedings of the VoNet Workshop. Small Group Research, 1998: April 27 – 28.

［171］ Steinle C. , Schiele H. When Do Industries Cluster? —A proposal on How to Assess an Industry's Propensity to Concentrate at a Single Region or Nation. Research Policy, 2002, 31 (6): 849 –858.

［172］ Mayntz R. Modernization and the Logic of Interorganizational Networks. Knowledge, Technology & Policy, 1993, 6 (1): 3 –16.

［173］ Scitovsky T. Welfare and Competition. Unwin University Books, 1952.

［174］ Williamson O. E. Comparative Economic Organization: The analysis of discrete structure. Administrative Science Quarterly, 1991, 36 (2): 269 – 296.

［175］ Zahra S. , Dess G. Entrepreneur ship as a Field of Research: Encouraging Dialogue and Debate. Academy of Management Review, 2001 (26): 8 –10.

［176］ Zucker L. G. Production of Trust: Institutional Sources of Economic Structure, 1840 – 1920. Research in Organizational Behavior, 1986, 8 (2): 53 –111.